新时期青年职业生涯发展研究

袁高鹏 著

山西出版传媒集团 山西人民出版社

图书在版编目（CIP）数据

新时期青年职业生涯发展研究/袁高鹏著. — 太原 ： 山西人民出版社，2022.9

ISBN 978-7-203-12420-7

Ⅰ. ①新… Ⅱ. ①袁… Ⅲ. ①青年—职业选择—研究—中国 Ⅳ. ①D669.2

中国版本图书馆CIP数据核字(2022)第178167号

新时期青年职业生涯发展研究

著　　者：袁高鹏
责任编辑：吕绘元
复　　审：刘小玲
终　　审：梁晋华

出 版 者：山西出版传媒集团・山西人民出版社
地　　址：太原市建设南路 21 号
邮　　编：030012
发行营销：0351—4922220　4955996　4956039　4922127（传真）
天猫官网：https://sxrmcbs.tmall.com　电话：0351—4922159
E—mail ：sxskcb@163.com　发行部
　　　　　sxskcb@126.com　总编室
网　　址：www.sxskcb.com

经 销 者：山西出版传媒集团・山西人民出版社
承 印 厂：山西省教育学院印刷厂

开　　本：720mm×1010mm　1/16
印　　张：15.25
字　　数：260 千字
版　　次：2022 年 9 月　第 1 版
印　　次：2022 年 9 月　第 1 次印刷
书　　号：ISBN 978-7-203-12420-7
定　　价：86.00 元

前　言

人的一生，都有健康成长、成才、成功的内在需求，都希望成就出彩的人生，而人生要成才、成功、出彩，主要的依托就是职业发展，做好职业生涯发展规划，有益于一个人职业生涯发展得更顺畅，在一个人的青年时期做好职业生涯发展规划尤为重要。

那么，什么是职业生涯发展规划？如何做好一个人的职业生涯发展规划？其实，职业生涯发展规划并不神秘，做好职业生涯发展规划也不深奥。所谓职业生涯发展规划，是指一个人在对自己所处的环境、对自身、对职业全面认知分析的基础上，对自己的职业生涯发展进行设想与安排的活动。而一个人对职业生涯发展规划最重要的时期就是青年时期，可以这样说，一个人青年时期的职业生涯发展规划如何，直接影响他在青年时期的求职就业，也直接影响他青年时期学习生活的质量，更有可能影响到他一生的职业生涯发展的成败。青年时期能否科学地规划自己的职业生涯发展，影响和决定着一个人一生职业生涯发展的成败。

本研究以新时期青年职业生涯发展规划为研究对象，通过对山西省一些高校在校学生、社区青年的问卷和访谈调查，获得了大量的第一手资料，同时收集了大量的新时期青年职业生涯发展规划相关资料，从新时期青年面对的社会环境、职业环境、家庭环境、自身特征，以及行业与职业现实，对新时期青年的职业生涯发展进行了全方位的分析研究，形成了对新时期青年职业生涯发展规划的深入认识和理性思考，提出了新时期青年如何更好地认识自己，如何更好地认知职业，如何更好地做职业生涯发展规划，如何更好地看待职业生涯发展成功等方面的新思考、新探索。这些研究和思考，对于新时期青年规划好自己的职业生涯发展，促进新时期青年健康成长与成才，进一步发展与完善新时期我国青年职业生涯发展规划的理论与方法，都具有一定的借鉴价值和意义。

本研究主要从以下六个视域展开：

一是从青年职业生涯发展的理论梳理展开。笔者通过梳理与分析现在影响比较大的有关职业生涯发展的理论，形成了比较条理的职业生涯发展理论体系，特别是对舒伯的生涯发展理论、施恩的生涯发展理论、霍兰德的职业兴趣理论进行了详细的分析，同时对金斯伯格的职业生涯发展阶段理论、格林豪斯的职业生涯发展阶段理论、帕森斯的特质因素理论等进行了介绍，希望让新时期青年对职业生涯发展理论有一个比较全面的理解与认识。

二是从新时期青年的自我认知展开。新时期青年处于百年未有之大变局的大时代背景下，世界发展一日千里，融合日益加深，科技革命蓬勃发展，矛盾加剧，这些世情都会对新时期青年的世界观、人生观、价值观产生深远的影响。笔者从新时期青年自我认知的内涵、自我认知的特点、自我认知的意义等视角着手，力图引导新时期青年科学地认识自己，实事求是地分析自己，全面地评估自己，更好地规划和发展自己。

三是从新时期青年的职业认知展开。我国社会主义社会发展进入新时代，迈入新发展阶段，产生新发展理念，构建新发展格局，职业的发展越来越细，新职业层出不穷。笔者从新时期青年的职业认知、职业核心技能认知、职业类型认知，以及对我国职业分类的认知视角出发，力求引导广大青年更好地认知职业、理解职业，选择和发展好适合自己的职业。

四是从新时期青年职业生涯发展规划存在的问题与对策展开。笔者从新时期青年职业认知现状出发，重点分析了新时期青年职业生涯发展规划存在的问题，对存在的问题做了比较详细的、客观的梳理与分析，力图帮助青年人找到自己职业生涯发展规划中存在问题的成因，更科学地认知职业生涯发展规划，促进新时期青年更科学地规划好自己的职业生涯发展。

五是从如何做好新时期青年职业生涯规划展开。笔者在调研的基础上，分析了影响新时期青年职业生涯发展规划的因素，重点介绍了做职业生涯发展规划的方法、实现职业生涯发展的途径、青年职业生涯发展规划案例，以及职业生涯发展规划调整的时机与注意事项等，帮助青年人做好自己的职业生涯发展规划。

六是从正确认知职业生涯发展成功展开。本研究和青年人探讨了什么是职业生涯发展成功，现在人们对职业生涯发展成功评价的标准和体系，从正确看待和争取职业生涯发展成功入手，引导新时期青年正确认知职业生涯发展成功，激励新时期青年争取获得职业生涯发展成功。

目录

第一章 绪 论

第二章 职业生涯发展理论梳理

第三章　新时期青年的自我认知

第四章　新时期青年的职业认知

第五章　新时期青年职业生涯发展规划中存在的问题及成因

第六章　新时期青年如何做好职业生涯发展规划

第七章　新时期青年正确认知职业生涯发展成功

第一章　绪　论

第一节　研究背景与意义

一、研究背景

青年时期，是一个人一生发展的关键时期。这一时期青年形成什么样的职业生涯发展观，对他们的成长、成才、成功至关重要。在这一时期，青年能否正确地认识职业生涯发展，能否科学地规划职业生涯发展，将直接影响青年人一生职业生涯发展的成败。

经过 40 多年的改革开放，现在的中国已经进入一个新的发展阶段，迈入了新时代。在此大背景下，青年人能否顺应时代的要求，紧跟时代的步伐，投身于新时代建设的火热洪流中，积极谋划发展好自己的职业生涯，成就出彩的人生，对民族、国家、社会、家庭、自己都显得极其重要。

那么，人的一生如何更好地实现自身价值呢？如何更好地成就出彩的人生呢？重要的一个方面，就是要在年轻时，正确认识自己的职业生涯发展，科学地做好自己的职业生涯发展规划，力争在自己的职业生涯发展中谋得更大主动，可以说，职业生涯发展规划对一个人实现人生价值意义重大。

那么，什么是职业生涯发展规划？指一个人在对自己所处的环境、对自身、对职业全面认知分析的基础上，对自己的职业生涯发展进行设想与安排的活动。职业生涯发展规划最重要的时期就是青年时期，可以这样说，一个人青年时期的职业生涯发展规划如何，直接影响他在青年时期的就业求职，也影响他青年时期学习生活的质量，乃至一生的职业生涯发展成败。因此，青年时期能否科学地规划自己的职业生涯发展，影响和决定着一个人一生职业生涯发展的成败。

笔者对新时期青年职业生涯发展的研究，就是基于新时期青年面对的社会环境、职业环境、家庭环境、自身特征，以及现实行业与职业等，对新时期青年的职业生涯发展进行全方位的研究分析，力图启发引导新时期青年更好地把握时代脉搏，认清所处的职业环境，认清自己的家庭环境，认清自己的优势和不足，认清自己面对的行业与职业特征，以求更好地规划自己的职业生涯发展，成就出彩的人生。

笔者通过对新时期青年的调查分析，梳理出了新时期青年面对的时代背景与职业发展特征，主要有以下几个方面：

（一）就业形势严峻

随着新增就业人口的逐年增长，我国就业形势比较严峻，就业压力也比较大，要找到一个适合自己、满意的工作，压力更大，竞争性也更强，如果不能准确分析定位自己的目标方向、特长兴趣、专业优势，就可能盲目选择，导致事倍功半。

为了更好地帮助广大青年找到一个适合自己的职业，发挥自己的特长优势，促进广大青年就业，笔者聚焦新时期青年职业生涯发展研究，选择了青年群体中受教育程度比较高的一个群体，即青年大学生作为研究重点，收集了 2011—2020 年近 10 年的我国高等学校毕业人数，并进行了统计分析，明显可以感知到我国当前高校毕业生就业压力巨大，更不要说还有一些中职毕业生、社会青年和其他领域进入就业群体的青年人，比如退伍军人等。以下是 2011—2020 年，我国高校毕业生人数变化情况：

2011—2020 年我国高校毕业生人数表

时间（年）	2011	2012	2013	2014	2015	2016	2017	2018	2019	2020
人数（万）	608.2	624.7	699	727	749	765	795	820	834	874

毕业生人数的变化，笔者用一张图表示出来，可能更直观一些。

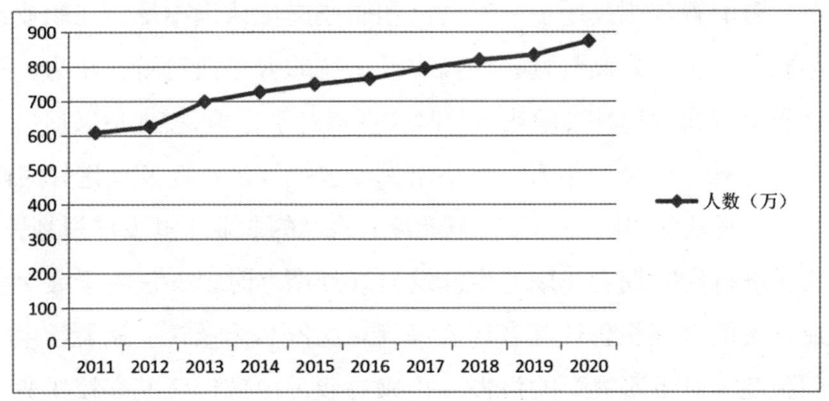

2011—2020年我国高校毕业生人数图

从上图可以看出，我国高校毕业生人数连年创新高，2015 年毕业生 749 万人，比 2011 年的 608.2 万人多了近 141 万，而 2020 年高校毕业生 874 万人，比 2016 年的 765 万人多了 109 万。拿 2020 年的 874 万毕业生与 2011 年的 608.2 万毕业生对比，虽然仅间隔了 10 年，毕业人数多了 265.8 万。从中可以看出，近 10 年来我国高校毕业生人数不断增加，加上历年毕业但未就业青年学生的叠加，大学生的就业压力非常大。

最新公布的大学生就业数据，进一步印证了这一特征。2022 年，高校毕业生规模 1076 万人，是继 2021 年突破 909 万之后的新高，比2021年增加了167万人，也是我国高校毕业生首次超过1000万人。

面对如此严峻的就业形势，做好广大青年的职业生涯发展规划，促进青年更好地发展就显得极其重要。

（二）职业定位不准

面对迅猛发展的时代，一些青年在职业选择时，常常对职业定位不准确。即使接受过高等层次教育，也都存在对自己的职业定位不清晰、对自己未来的职业生涯发展模糊不清的情况。在就业中，“随大流，蹭热点”现象比较普遍，大家对职业选择、职业定位都比较迷茫，有的青年眼高手低，对自己和职业岗位认识不足，在职业选择与职业定位时好高骛远，脱离实际；有的青年面对就业压力，则妄自菲薄，在职业选择、职业定位时表现得过于谦虚，就业后又后悔、逃避；还有一部分青年人，从小由父母包揽过度，在职业选择时随遇而安，听从父母的安排，甚至就没有自己的职业生涯发展规划。

在进行新时期青年职业生涯发展规划调查时，一份关于大学生就业状况的调查报告让笔者印象深刻。这份名为《转型期大学生就业问题及其对策研究》的报告，由来自我国中部地区某高校毕业生所做。该就业调查报告显示，在全国内地的31个省、自治区、直辖市范围内，大学生毕业后5年内，超过70%以上的人换过两次及两次以上工作单位，这一现象从一个侧面反映出大多数高校毕业生就业时，职业生涯发展规划不清晰，职业定位不准确，没有一个比较清晰的自我规划，或者说缺乏一个比较清晰的职业生涯发展规划，造成了一些青年职业发展的错位，也造成大量人力资源的浪费。所以说，在青年时期，职业生涯发展规划非常重要，出现职业生涯发展规划缺位或者错位，就会造成难以弥补的损失。正是基于这一点，帮助广大青年正确认知自我、准确认知职业，科学做好职业生涯发展规划就显得尤为重要。

（三）自我认知不清

当前，一些青年对自己的目标定位不清晰，对自己的能力、潜力、知识、爱好、兴趣等认识不准确，甚至对自己的真实需求也不明确。面对社会的迅猛发展变迁，一些青年感到迷茫和无助，尤其是在面对自己的职业生涯发展中，对自己认识不清，没有掌握正确认知自己的方法，对自己的真实需求、性格特点、知识结构，对自己到底想过一种什么样的生活等方面，认识不清，因而在做职业生涯发展规划时，难以科学和准确。

笔者在调查的过程中，就遇到过这样一名大学生。在谈到未来是否从事自己现在所学专业时，他说不一定，走着看。在谈到未来希望工作生活的城市时，他也是比较茫然，觉得无所谓，哪里挣钱多就去哪里。在谈到未来的发展目标时，他说，没有过多思考过，觉得“车到山前必有路”，走着看。笔者在和他交流的过程中，感觉他对自己的性格、爱好，以及自身的优势、特长等认知不多，存在“走着看”“听父母安排”的心态，对自己的未来规划不清。

（四）职业认知欠缺

在当前经济与社会飞速发展的新时期，经济快速增长，社会迅速变迁，分工愈加细微，一个人很难像以前那样，成为“多面手”，成为“全才”，人们都在寻找适合自己的发展道路，探寻能发挥自身优势的行业与职业，但是面对令人眼花缭乱的职业变化，青年人普遍感到迷茫，迫切需要了解社会变迁的趋势、职业生涯发展的前景。

笔者在对新时期青年进行调查的过程中，明显感到他们对职业生涯发展规划知识的需求愈来愈强烈，虽然社会上也有不少职业生涯发展规划方面的书籍与资料，但依然不能满足广大青年的需求。正是着眼于此，笔者对新时期青年的时代特征、青年面对的社会变迁，以及青年在职业选择时面对的困惑进行了系统的分析与研究，提出了适合青年职业生涯发展规划的科学方法，有助于新时期青年科学规划职业生涯发展，更好地成长、成才。

二、研究目的与意义

（一）研究目的

本研究以新时期青年职业生涯发展为研究对象，通过对山西省一些高校在校学生和社区青年的问卷和访谈调查，获得了大量的第一手资料，同时收集了大量的新时期青年职业生涯发展规划的相关资料，在对这些资料分析与研究的基础上，回顾了我国青年职业生涯发展研究的历程，分析了青年在职业选择、职业发展中面临的困境与问题，研究了青年职业发展规划中存在困难与问题的成因，探寻了新时期青年职业生涯发展规划的路径与方法，形成了对新时期青年职业生涯发展的深入认识和理性思考，提出了新时期青年如何更好地认识自己，如何更好地认知职业，如何更好地做职业生涯发展规划，如何更好地看待职业生涯发展成功的实施办法。这些研究与思考，对于新时期青年规划好自己的职业生涯发展，促进新时期青年健康成长与成才，进一步发展与完善我国新时期青年职业生涯发展的理论与方法，都具有一定的借鉴价值和意义。

在具体的研究过程中，笔者选取了山西省一些具有代表性的大学、高职院校、中职学校、普通高中、普通初中的近 3000 名在校学生，以及太原市 10 个社区的 300 多名社会青年，通过访谈法和问卷调查法，对这些青年进行了深入的了解。同时，收集到山西其他一些地区及我国其他省份青年职业生涯发展规划的资料，重点为临汾市 300 多名在校大学生职业生涯发展规划的相关资料。通过查找文献，运用对比分析法，对一些发达国家与地区青年职业生涯发展规划的相关资料及我国其他省份青年职业生涯发展规划资料进行了深入细致的梳理与分析。

通过对比分析、深入研究，梳理出我国新时期青年职业生涯发展规划的基本现状与存在的一些困难和问题，通过对新时期青年的心理特征、就业去向、职业认知的分析，希望能对新时期青年的特点和就业取向有一个较为清楚的认识，能够对新时期青年的职业生涯发展有一个清晰的定位，从而帮助新时期青年在面对职业选择时，能够比较理性、客观、准确，少走弯路，能更好地发展自己的特长优势，提高新时期青年的就业能力、创业能力，以更好地促进广大青年成长与成才。

总之，本研究从青年职业生涯发展理论的梳理出发，探究了新时期青年的职业心理特征与职业发展需求，分析了新时期青年职业生涯发展规划中存在的问题与困境，在此基础上提出化解新时期青年职业生涯发展困境的对策与建议，并以此为出发点，希望通过新时期青年、新时期青年的家人、专业职业生涯发展规划师以及社会、学校、政府等方面的共同努力，帮助新时期青年做好职业生涯发展规划，使新时期青年准确定位自己的人生发展，了解自己的兴趣爱好，认识自己的特长优势，明白自己的职业定位，帮助新时期青年更好地实现自己的职业理想，这是本研究的重要目的之一。

（二）研究意义

本研究的意义主要聚焦在以下几个方面：

1. 理论意义

本研究系统梳理了职业生涯发展研究的理论成果，从舒伯的职业生涯发展阶段理论和生涯彩虹图 (Life-career rainbow)，到施恩的生涯发展理论与职业锚理论，再到霍兰德提出的对社会影响深远的职业兴趣理论，以及金斯伯格的职业生涯发展阶段理论、格林豪斯的职业生涯发展阶段理论、帕森斯的特质因素理论等，比较全面系统地综述了职业生涯发展理论，让新时期青年能通过本研究，全面了解职业生涯发展研究的理论成果，能够运用职业生涯发展理论看待问题、分析问题，更好地规划自己的职业生涯发展。同时，本研究梳理出相关职业生涯测试表格，为新时期青年认识自我、分析自我、认识职业、规划职业提供了较丰富的参考资料。

在梳理、分析的过程中，本研究将上述理论运用到青年职业生涯发展规划中，通过对新时期青年的调研，将职业生涯发展理论与青年的成长、成才、成功相融合，对丰富青年职业生涯发展理论进行了有益的探索与尝试，必将对青年的健康成长与成才、对青年的职业成功，甚至人生成功都有较大的帮助。

2. 现实意义

通过对新时期青年职业生涯发展研究，使青年对自己有一个清晰的定位，知晓自己的生理特点、心理特点、兴趣爱好、实力优势、真实需求等，同时帮助新时期青年了解当今社会及对人才需求的层次与方向，把握当前与今后一段时间，市场对什么样的人才需求量大，社会对什么样的人才需求层次高，社会与市场对什么样的人才需求趋于饱和，从而能不断地调整自己的职业生涯发展规划，充实完善自己的各种知识，帮助青年顺利地找到适合自己的工作，为实现自己的人生价值，为国家的繁荣富强与中华民族伟大复兴贡献自己的一分力量。

3. 社会意义

本研究通过对新时期青年职业生涯发展的分析，能较好地帮助青年认识自己、了解职业、理解成功、做好规划，这对一个青年的成长来说，意义重大；对一个家庭来说，孩子的健康成长，找到适合自己发展的成才道路，是家庭和谐、和睦的重要支撑；对社会而言，青年能科学地认知自己，能在适合自己的领域发挥优势特长，整个社会就会良性运行，社会效率就会得到提升；对国家而言，每个人都能发挥优势，创造更多的社会财富，是国家富强的基础；对一个民族而言，每个人的能量尽可能地展现出来了，民族振兴才有希望，中华民族复兴才能成为现实。

第二节 国内外相关研究动态

职业生涯发展是指一个人在其职业发展中所经历的各种职业角色，换句话说，职业生涯发展是指一个人一生的工作历程，尤其是职业、职位的变动及工作目标实现的整个过程。在职业生涯发展过程中，一个人根据自己的需要，通过对自己评估、家庭评估、组织和环境评估、职业发展前景评估，对自己的职业生涯发展进行规划，不断提升自身的知识、能力、技能，调整心态，使自己的职业生涯发展方向与目标相吻合。

职业生涯发展相关研究在国内外一直是个热点，具有丰富的理论体系和实践经验。

一、国外职业生涯发展研究综述

职业生涯发展理论研究起源于20世纪初，最早提出职业生涯发展理论的是曾供职于波士顿大学的帕森斯教授，他被誉为“现代学生指导之父”。

帕森斯大学毕业后，经历多次失业及寻找工作的痛苦，于是他把学生指导作为自己毕生的事业。1908年，他创办了美国第一个专业的学生指导机构——波士顿职业局，开始从事青年的职业指导工作。

1909 年，帕森斯在《选择一个职业》一书中，提出了特质因素理论，也有人将其称为人职匹配理论。该理论提出了职业选择的三条基本原理，确立了现代学生指导理论的基本框架，标志着现代学生指导制度的正式诞生。

该理论认为，“人跟职业相匹配是职业选择的焦点”，特质因素是学生指导的基础。人格模式多种多样，每类人格模式都有其对应的、适合的职业类型，人们在职业选择上必须考虑自身因素和职业因素之间的联系。这一理论被认为是最早的职业辅导理论，对个人职业选择影响深远。

美国心理学博士格林豪斯从不同年龄、不同阶段职业生涯发展的主要任务出发，将一个人的职业生涯发展分为五个阶段：

第一是职业生涯发展准备阶段（0—18 岁），主要任务是发展职业想象力，培养职业兴趣，选择合适的职业，接受胜任职业所必需的教育和培训。

第二是进入组织阶段（18—25 岁），主要任务是通过求职了解更多的职业信息，选择适合的工作，并获得比较理想的工作。

第三是职业生涯发展初期阶段（25—40 岁），主要任务是适应组织和适应工作，不断提高工作能力。

第四是职业生涯发展中期阶段（40—55 岁），主要任务是努力工作，寻求职业生涯发展的突破，争取职业成就。同时，学习新知识，充实完善知识结构。这一时期，人们还会反思自己的职业生涯发展，甚至会重新选择一个新的职业。当然，这种可能性比较小，一般会选择比较相近的职业或者有一定了解认知的职业。

第五是职业生涯发展后期阶段（55 岁至退休），主要任务是通过努力工作，保持已有的成就，教育传递引导他人，做好从职业中退出的准备。

霍兰德是美国著名的职业指导专家，他于1959年提出了职业兴趣理论。他认为，一个人的兴趣与职业选择密切相关，兴趣是工作的动力，而职业兴趣与人格之间存在高度相关性。

美国职业指导和应用心理学博士、哥伦比亚大学师范学院教授舒伯在职业选择、职业生涯发展、职业生涯发展规划、职业生涯发展教育等领域的成就是世界性的，也是全球最有影响力的职业生涯发展研究者之一，在世界职业生涯发展规划与职业生涯教育领域做出了不朽的贡献，被誉为“超级思想家”。

他提出了职业生涯发展阶段理论，认为人一生的职业生涯发展阶段需要不同的职业知识和职业能力与之相匹配，并将职业生涯发展划分为五个阶段：

第一是成长阶段（growth stage，0—14岁），这一阶段又可细分为幻想期（10岁前）、兴趣期（11—12岁）和能力期（13—14岁）。在这一阶段，人的自我概念逐渐建立，成长过程中的角色扮演显得极为重要。在此期间，人会受到来自各个方面职业者的影响，甚至会学习游戏中模拟的各种角色等，都可能影响一个人未来的职业选择和职业满意度。到这一阶段的后期，即进入青春期后，就会对自己未来可能从事的职业进行一些带有现实性的考虑了。

第二是探索阶段（exploration stage，15—24岁），一个人开始认真地探索各种可能的职业，并通过学校教育，参与各种培训活动，从而获得诸如个人素质、知识技能、工作能力等的提升，准备与将来从事的职业匹配起来。在这一阶段，第一次对职业工作的选择，对一个人一生的职业生涯发展影响巨大，甚至可以影响他未来的职业生涯发展是否成功。因为当一个人选择并开始从事这一职业工作后，就必须全身心地投入其中并胜任。一个人经过一段时间的职业工作后，会被打上深深的职业烙印，留下非常深刻的职业影响，所以探索阶段，对于一个人一生的职业生涯发展影响深远。

第三是确立阶段（Establishment stage，25—44 岁），职业生涯发展成为大多数人工作生命周期中的核心部分，一个人能否找到合适自己的职业焦点，并全力以赴地投入职业工作中获得成功显得至关重要。

第四是维持阶段（maintenance stage，45—60 岁），经过长达 20 多年的拼搏奋斗，一个人对自己从事的职业领域已经非常熟悉，也取得了一定的成就，但随着年龄的增长，身体素质开始走下坡路，大多数人仍继续努力工作，希望维持自己在职业生涯发展中的位置并有所突破，取得更大的职业生涯发展成就。在这一阶段，大多数人在职业生涯发展中难以有大的改变与突破了。

第五是衰退阶段（decline stage，60—），绝大多数人逐步结束职业生涯，开始开发社会角色，减少权利和责任，尝试一种新的生活，准备退休后的生活。

施恩是美国麻省理工学院斯隆管理学院教授，也是著名的职业生涯发展管理学家。他提出的职业生涯发展理论立足于人生不同年龄段面临的问题，以及不同的年龄段所面临的职业工作主要任务，将职业生涯发展分为九个阶段：

第一是成长、幻想、探索阶段，年龄为 0—16 岁。

第二是进入工作阶段，年龄为 16—21 岁。

第三是基础培训阶段，人们一般在 21—25 岁时步入该阶段。

第四是早期职业正式成员资格阶段，年龄为 25—30 岁。

第五是职业中期阶段，年龄一般在 30-40 岁。

第六是职业中期危机阶段，年龄为 40—45 岁。

第七是职业后期阶段，年龄为 45—55 岁。

第八是衰退和离职阶段，年龄为 55—60 岁。

第九是离开组织或职业退休阶段，年龄为60岁以后。

可以看出，施恩关于职业生涯发展阶段的划分，主要是对一个人的职业生涯发展而言，不同行业、不同地方，有不同的特点。

20世纪 70年代，施恩还提出了职业锚理论。施恩认为，职业锚是指一个人在做职业选择时，最看重的知识技能、工作能力等因素，实际就是选择和发展自己的职业所围绕的中心、焦点。他将一个人的职业锚分为五个类型：

第一是技术／职能型（Technical Functional competence）职业锚。

第二是管理型（General Managerial Competence）职业锚。

第三是自主／独立型（Autonomy Independence）职业锚。

第四是安全／稳定型（Sectlrity Stability）职业锚。

第五是创造型（Entreprprenelurial Creativity）职业锚。

这五种职业锚类型,各有各的特点。职业锚理论强调个人动机、能力和价值观的相互整合与作用，三者在实际工作过程中不断发展变化。施恩根据自己的研究推出了职业锚测试量表，职业锚问卷现已成为国外职业测评运用最广泛、最有效的工具之一。

金斯伯格是美国著名的职业指导专家，他将职业生涯发展分为三个阶段，即幻想阶段、尝试阶段和现实阶段，从而揭示了早期职业心理或职业心理意识对职业选择的影响。

综上所述，帕森斯、霍兰德、舒伯、格林豪斯、施恩、金斯伯格等人对职业生涯发展过程进行了专门的研究，并提出了不同的职业生涯发展理论，从不同视角、不同方向，对职业生涯发展提出了很多建设性的意见，形成了丰硕的研究成果，影响与启发了人们对职业生涯发展的认知，对后来者继续深入思考与研究职业生涯发展发展，具有巨大的影响力。

二、国内职业生涯发展研究综述

我国对职业生涯发展理论研究较晚，最早出现在20世纪初期，主要体现在对个人的职业指导。1916年，清华大学周寄梅教授在国内首先提出，一个人的职业生涯发展需要进行职业指导。1917年，梁启超、黄炎培等人发起成立了中华职业教育社，并于1918年编辑印刷了《职业指南》，1923年编辑出版了《职业指导》。1924年，他们又在上海推动建立了第一个职业指导部，协助学生进行职业选择。这些活动表明，中华职业教育社是国内最早倡导职业指导的团体。1922—1926年，在教育与职业杂志社任职的邹韬奋先生，先后编译了《职业智能测验法》《职业心理学》《职业指导实验》《职业指导》等著作，开始涉猎职业生涯发展研究，但其研究主要是如何帮助人们选择职业，如何加入职业，并在职业上取得进步，对职业生涯发展的规律研究较少。在这之后的20多年中，由于国内战乱和动荡，对职业生涯发展的研究几乎消失。

中华人民共和国初期，我国学习苏联实行计划经济，几乎全员就业，关于职业生涯发展的研究和指导方面的社会需求较少，职业生涯发展研究的成果也较少。

改革开放后，计划经济逐步转型，尤其是20世纪90年代初，以邓小平南方谈话和党的第十四次全国代表大会决议为标志，我国明确提出了构建社会主义市场经济体制。随着社会主义市场经济的进一步发展，职业生涯发展的需求越来越旺盛，职业生涯发展的理论研究也蓬勃发展起来。如学者黄英忠、罗双平、廖泉文、龙立荣、姚裕群、程社明、林泽炎等，在吸收借鉴国外职业生涯发展理论的基础上，结合我国国情实际，顺应教育的实际情况进行了尝试性研究，初步形成了我国职业生涯发展相关理论，研究重点主要集中在如何有效进行职业生涯发展规划。

罗双平曾任中国人事科学研究院考核评价技术研究室主任，他是改革开放后国内较早研究职业生涯发展理论的学者之一。他提出了年龄阶段论，将一个人的20岁之前称为职业准备期，20—30岁称为职业选择期，30—40岁称为职业适应期，40—50岁称为职业稳定期，50—60岁称为职业结束期。他依据职业生涯发展过程、职业生涯发展的特点，将一个人的职业生涯发展进程分为五个阶段。

龙立荣为中国科学院教授，也是较早研究职业生涯发展理论的学者之一。他研究了职业生涯发展管理与员工心理行为之间的关系，编制了适合我国实际情况的职业生涯发展调查问卷。该调查问卷采取开放式和访谈式相结合的方式，收集了不少有关职业生涯发展的第一手资料。通过对资料的深入研究，提出了组织发展与员工职业生涯发展之间的互动关系，认为组织的管理制度、组织管理者的承诺、组织的职业需求、组织的工作绩效、组织的文化等都会对员工的职业生涯发展产生重要的影响。

黄英忠博士是我国台湾地区的人力资源管理研究者，在其专著《人力资源管理》中论述了职业生涯发展的意义，全面阐述了职业生涯发展规划及职业生涯发展管理，分析了影响一个人职业选择的因素等，推动了我国职业生涯发展的研究。

姚裕群、廖泉文、陈社明等学者，也相继提出职业生涯发展的相关理论。

廖泉文教授长期任职于厦门大学，她提出了职业生涯发展的“三三三”理论。她认为，职业生涯发展要经历三个“三阶段”，第一个“三阶段”包括输入阶段、输出阶段、淡出阶段；第二个“三阶段”包括适应阶段、创新阶段、再适应阶段（主要指输出阶段中职业生涯发展的阶段）；第三个“三阶段”包括顺利晋升、原地踏步、下降到波谷（主要指再适应阶段中职业生涯发展的阶段）。

廖泉文教授的“三三三”理论，具有中国特色，不同于国外的职业生涯发展理论。国外的职业生涯发展理论主要是按年龄划分职业生涯发展阶段，因而廖泉文教授的“三三三”理论更具开放化、弹性化和个性化等特点。

我国台湾地区学者林幸台研发的《职业自我探索量表》，金树人等研发的适合初中生、高中生的兴趣量表等，都推动了青年人职业生涯发展的量化研究，促进了广大青年就业，助力广大青年更好地规划自己的职业生涯发展。

随着我国大学生就业难等问题的日益突出，有些研究者尝试性地开始了大学生职业生涯发展理论研究，重点聚焦在职业生涯发展的定义、要素、特点、原则、意义等方面（罗双平，2000；赵曼和陈全明，2007；雷五明，2005）。有些研究者在前人研究的基础上纷纷对其概念进行了界定，如周亮等学者（2013）。有些研究者在理论研究的基础上，深入分析了一个人职业生涯发展的过程，从职业生涯发展规划的重要影响角度出发，提出在大学应该从理论和实践两个方面，引导大学生做好职业生涯发展规划，认为这对当代大学生的就业具有重大意义（李仙、郝凤、叶成香，2015；崔爽、阮小芳，2018）。

随着经济的快速发展、人口的持续增长，高等教育也进入大众化时代，高校连续大规模扩招，大学生就业出现了困难，对大学生职业生涯发展教育也被高度关注。2007 年，教育部专门颁布了《大学生职业发展与就业指导课程教学要求》，进一步规范了职业生涯发展教育，也进一步激发了职业生涯发展教育研究的热潮。专家学者们开始注重实证调查研究，提出了很多建设性的思考，促进了职业生涯发展研究的针对性。

进入21世纪后，伴随着全球化、一体化、信息化、科技化的发展趋势，国内学术界开始从不同的角度研究、探讨职业生涯发展，并根据世界各国尤其是发达国家的研究成果，结合我国的具体国情和文化传统，提出了一系列关于职业生涯发展研究的理论。

总之，这些关于职业生涯发展的研究，对青年人的职业生涯发展起到了重要的指导作用，在他们迷茫彷徨时，为他们照亮了前进的方向。但是我们也应看到其局限性，研究总体上是在某一个方面深入的探讨，还缺乏一定的宏观统筹与融合，就职业生涯发展的宏观角度而言，国内对职业生涯发展的研究还处在初级阶段、起步阶段，很多研究成果都是在借鉴国外的理论基础上发展而来，还带有比较明显的外来痕迹，在思想创新上还不够，方法上也不足，与国情还有一些相脱节的地方，总体而言，我国对职业生涯发展的研究还处在发展阶段。

第三节 相关概念界定

一、对新时代的认识

谈到对时代发展的认识，我们有必要来了解一下马克思关于人类社会发展阶段的观点。马克思认为，人类社会按照生产力的发展状况以及生产力与生产关系的相互作用，可以划分为五个阶段，分别是原始社会、奴隶社会、封建社会、资本主义社会和共产主义社会（社会主义社会）；列宁根据自己的研究与领导无产阶级革命的实践，尤其是根据苏联社会主义革命的实践，创造性地把马克思、恩格斯提出的共产主义社会的第一阶段称为社会主义社会，并建立了世界上第一个社会主义国家。列宁认为，未来的共产主义社会发展是分阶段的，人类社会先进入共产主义社会的第一阶段，即社会主义社会，在社会主义得到充分发展的基础上，人类社会再进入共产主义社会的高级阶段。近代以来，革命先烈们在寻求中国发展的道路上，选择了走社会主义革命与社会主义道路，无数仁人志士抛头颅、洒热血，经过艰苦卓绝的斗争，取得了新民主主义革命的胜利，建立了中华人民共和国，为社会主义革命和社会主义建设的胜利奠定了坚实的基础。

中华人民共和国成立后，经过了近 7 年的社会主义改造，开始了全面建设社会主义社会的新征程。经过长期的探索与实践，我们认识到，社会主义发展也应该分阶段，我国处在社会主义的初级阶段，这是我国当前最大的国情。这一阶段从我国完成了社会主义改造到实现社会主义现代化，时间上大体为 20 世纪 50 年代中期到 21 世纪中叶，近百年的时间。经过长期的社会主义初级阶段的建设与发展，尤其是改革开放以来 40 多年的发展，我国的经济与社会建设取得了长足的进步，经济总量位居世界 200 多个国家与地区的第二位，科技迅猛发展，社会不断进步，人民生活水平得到极大提升。党的十八大以来，在以习近平同志为核心的党中央坚强领导下，中国特色社会主义建设取得了巨大成就，我国社会主义发展进入了一个全新的发展阶段。在党的十九大上，对我国的发展方位进行了全面的阐释，明确提出我国发展进入新时代。当然，这一新时代并没有改变我国处于社会主义初级阶段这一基本国情，这一新时代是我国社会主义初级阶段的一个新的发展时期。

“这个新时代，是承前启后、继往开来、在新的历史条件下继续夺取中国特色社会主义伟大胜利的时代，是决胜全面建成小康社会、进而全面建设社会主义现代化强国的时代，是全国各族人民团结奋斗、不断创造美好生活、逐步实现全体人民共同富裕的时代，是全体中华儿女勠力同心、奋力实现中华民族伟大复兴中国梦的时代，是我国日益走近世界舞台中央、不断为人类做出更大贡献的时代。”

党的十九大报告对新时代的科学概括，从几个角度阐释了新时代的本质，并且对新时代的发展进行了规划部署，也就是要在全面建成小康社会的基础上，分两步来实现中华民族伟大复兴：第一步是在21世纪30年代，也就是2035年左右，基本实现现代化；第二步是到21世纪中叶，也就是2050年左右，把我国建成为富强、民主、文明、和谐、美丽的社会主义现代化强国，实现中华民族伟大复兴中国梦。我们对新时期青年职业生涯发展的研究，正是基于这样一个大的时代背景。

二、对新时期青年的界定

对青年年龄的划分，不同的国家有不同的标准，甚至不同的国家在不同的发展阶段也有不同的划分。对于我们国家而言，在对一个人年龄的划分中，就有古代的划分、现代的划分、我国政府与一些组织的划分等多种。

（一）我国古代对青年的界定

中国古代根据男子成长过程的生理特点，以10年为单元，将一个人的人生大致分为九个阶段，其中包含了古人对人生发展的淳朴认知，到今天依然具有借鉴意义。

古人认为，人的一生，可以分别划分为幼、弱、壮、强、艾、耆、老、耄、期等九个阶段，说来相当有趣。这一说法始于战国，成书于秦汉的《礼记·礼上第一》记载：“人生十年曰幼，学；二十曰弱，冠；三十曰壮，有室；四十曰强，而仕；五十曰艾，服官政；六十曰耆，指使；七十曰老，而传；八十、九十曰耄……百年曰期，颐。”大意是说，男子 10 岁称幼，开始入学读书；20 岁称弱，举行冠礼后，就是成年了；30 岁称壮，可以娶妻生子，成家立业了；40 岁称强，可踏入社会工作了；50 岁称艾，能入仕做官了；60 岁称耆，可发号施令，指挥别人了；70 岁称老，此时年岁已高，应把经验传给世人，将家业交付子孙管理了；八九十岁称耄……百岁称期，到了这个年龄，就该有人侍奉，颐养天年了。古人之所以如此划分，是长期经验积累的结果。

古人提倡一个人 10 岁入学，今天我们规定 6 岁入小学，不过古人说的岁，主要指虚岁，而我们今天说的岁，指的是周岁，相比较而言，尽管相差两三岁，但在经济落后、生活水平低下的古代，应该是符合现实要求的。尤其古代提出 30 岁“有室”，这和今天世界上一些地方盛行的 30 岁结婚，晚婚晚育，有异曲同工之妙。值得一提的是，如今人的寿命在七八十岁以上，民间流传的“二十、三十青少年，四十、五十正当年（即壮年），六十、七十满街转，八十、九十不稀罕”民谣和“四十曰强”“五十曰艾”“六十曰耆”“七十曰老”的提法，如出一辙。从这个意义上来说，我们的祖先对人生年龄的分段，可以说有一定的科学规律。

尽管这些观点在某些方面有点主观、片面，但总的来说，是符合人生规律的。我国古代对人的年龄划分大体如下：童年是 12 岁以下，12 岁以上称为少年；20 岁弱冠，就是青年了，也有人认为 18 以后为青年；三十而立，就进入了中年；四十不惑，称为壮年；五十而知天命，当然算老年了；六十花甲；七十古稀之年；八九十岁为耄耋之年；100 岁为期颐之年。

可以看出，我国古代大体认为，20 岁以后就是青年了，三十而立就进入中年了。在古人看来，青年就是 20—30 岁这一年龄段。

（二）我国现代对青年的界定

我国现代对青年年龄的划分，随着社会的发展不断变化，目前大多数专家学者和社会比较认可以下年龄划分标准：

1. 童年（0—6 岁）

可以再进一步划分为：婴儿期，大体是 0—3 个月；小儿期，大体是 4 个月—2.5 岁；幼儿期，大体是 2.6—6 岁。

2. 少年（7—17 岁）

可以再进一步划分为：启蒙期，大体是 7—10 岁；逆反期，大体是 11—14 岁；成长期，大体是 15—17 岁。

3. 青年（18—40 岁）

可以再进一步划分为：青春期，大体是 18—28 岁；成熟期，大体是 29—40 岁。

4. 中年（41—65 岁）

可以再进一步划分为：壮实期，大体是 41—48 岁；稳健期，大体是 49—55 岁；调整期，大体是 56—65 岁。

5. 老年（66 岁以后）

可以再进一步划分为：初老期，大体是 66—72 岁；中老期，大体是 73—84 岁；年老期，大体是 85 岁以后。

可以看出，随着经济和社会的发展，人的预期寿命不断延长，人们对年龄的划分也有了较大的变化，青年的年龄时间拉长了，18—40 岁都处于青年期，和现在世界各国对青年年龄的划分趋同，也符合现代人一生发展的周期规律，基本上是科学合理的，也已被大多数国人所接受。

在我国民间还流行一种年龄划分标准：

童年，0—7 岁；少年，8—13 岁；青年，14—25 岁；壮年，26—35 岁；盛年，36—45 岁；达年，46—55 岁；中年，56—65 岁；

老年，66—75 岁；寿年，76—85 岁；暮年，86—100 岁及以上。

（三）国际社会对青年的界定

国际社会对青年的界定，大多参考联合国世界卫生组织对一个人年龄的划分，以及联合国大会对青年的界定。

1. 联合国世界卫生组织对年龄的划分

联合国世界卫生组织根据全球人体素质和平均寿命的相关研究成果，建议将一个人年龄大体分段如下：

（1）未成年人，出生到 17 岁。

（2）青年人，18—44 岁。

（3）中年人，45—59 岁。

（4）较老年人（渐近老年），60—74 岁。

（5）老年人，75—89 岁。

（6）长寿老人，90 岁以上。

相比于此前的划分，联合国世界卫生组织将人们对老年年龄的界定延迟了近 10 年，既体现了人类发展的现实，也提升了人们抗衰老意志的信心。同时，将青年人的年龄划到了 18—44 岁，和我国当前的划分标准基本相同，也得到了世界上绝大多数国家和人民的普遍认同。

2. 联合国大会对青年的界定

联合国大会将青年定义为年龄 15—24 岁（含 15 岁和 24 岁）的那些人。联合国国际青年年活动曾于 1985 年在全球开展，该定义就是专门为国际青年年活动所下的。联合国公布的所有有关青年的统计数字，例如联合国系统出版的关于人口统计、教育、就业和医疗卫生的年度统计年鉴，均依据以上定义。

许多国家参考联合国大会的建议，给青年划定了适合自己国情的年龄界线。一些国家认为，一个人依法享有平等待遇的年龄，通常被称为成年年龄；另外一些国家认为，成年年龄通常指18岁。一旦一个人超过该年龄界线，就被认定已是一个成年人。然而，因社会文化、制度、经济和政治因素各不相同，不同国家对青年的实际定义和对该术语的理解存在着细微的差别。

同时，在探讨青年这个年龄界定时，我们要注意此界定与青少年（一般认为年龄13—19岁）、低年龄成年人（一般认为年龄20—24岁）之间的关系。根据联合国大会的建议，儿童一般是指那些年龄不足14岁的人，而对青少年、低年龄成年人的界定，都是从各自研究的角度需要出发，与青年界定有重合很正常，也正印证了青少年和低年龄成年人中就包含着一部分青年人。通过对比，我们可知大体的青年年龄。

3. 其他一些组织对青年的界定

联合国教科文组织认为，14—34岁为青年；联合国人口活动基金会，把青年定义为15—24岁；联合国人居署，把青年定义为15—32岁；联合国非洲青年宪章，把青年定义为15—35岁等。

（四）我国政府与一些组织对青年的界定

1. 国家统计局

我国国家统计局在人口统计中，把15—34岁的人划归为青年。

2. 共青团

我国的共青团组织把14—28岁的人划归为青年，《中国共产主义青年团章程》第一条对团员的年龄做出了明确规定："年龄在14周岁以上，28周岁以下的中国青年，承认团的章程，愿意参加团的一个组织并在其中积极工作、执行团的决议和按期交纳团费的，可以申请加入中国共产主义青年团。团员年满28周岁，没有担任团内职务，应该办理离团手续。"

3. 青年联合会

我国的青年联合会认为，青年的年龄应更加广泛一些，把 18—40 岁的人划归为青年。

4. 港、澳、台地区

我国的港、澳、台地区根据自身区域特点，把 10—24 岁的人划为青年。其中，青年与少年时期相重合的阶段为青少年，满 26 岁不满 30 岁的，叫大龄青年；介于青年与中年之间，满 30 岁的为中年。

（五）本研究所指青年

综上所述，对青年没有一个准确的界定，只有结合各自实际，才能确定一个大体接近的年龄。

本研究结合我国实际，尤其是中共中央国务院印发的《中长期青年发展规划（2016—2025 年）》，从职业生涯发展全域的视角，聚焦青年在职业生涯发展的特殊阶段，将青年定位在 14—35 岁。

三、职业生涯发展规划的内涵

（一）职业生涯

生涯，简单来说就是一个人从生命的诞生到生命的结束时，是如何生存、如何生活与如何发展的。生涯发展规划，也就是一个人一生打算成为一个什么样的人，一个人准备通过怎样的职业历程、怎样的角色来过上让自己满意的人生。青年的生涯发展规划主要指一个人青年时期在学业、工作、生活等方面的规划。

所谓职业生涯，是指一个人一生的工作经历，特别是职业、职位的变动及工作理想实现的整个过程。为了更深入地理解职业生涯，人们将职业生涯做了一个划分，认为职业生涯可分为内职业生涯与外职业生涯。

内职业生涯，是指在职业生涯发展中，通过提升自身的素质、知识、技能等，从而在职业生涯发展中获取的工作能力、社会地位、社会荣誉、社会认可等的总和，它是别人无法替代和窃取的人生财富，是一个人职业生涯发展的根本与依靠。

外职业生涯，是指在职业生涯发展中，一个人所经历的职业角色（职位），以及在职业生涯发展中获取的物质财富的总和，它是依赖于内职业生涯的发展而发展与增长的。

一般而言，职业生涯由内职业生涯与外职业生涯组成，是一个人一生职业生涯发展的历程。

（二）职业生涯发展

职业生涯发展，是指人一生中的职业历程，核心是一个人一生中职业职位的变迁、职业目标与职业理想的实现过程。职业生涯发展是一个人一生追求自我实现的过程，也是一个人一生赖以生存和发展的基础，对一个人实现自己的人生价值起着决定性的作用。

在人的一生中，职业生涯发展大体上是 30—50 年，当然有些也可能更长，甚至一些人的职业生涯发展贯穿到一个人生命的全过程、全周期，在这期间一个人要从事什么样的职业？一个人要通过哪种职业方式实现自己的人生价值，他发展得怎么样？他将如何安排这几十年的职业生涯？如何让这几十年更加高效、更具价值？这就需要对自己职业生涯发展进行合理的规划，有了规划就有了人生发展的目标。因而，一个人一生中职业生涯发展的过程，就是一个人在发展中根据自己的实际情况，不断地规划和调整自己职业生涯发展的过程。

（三）职业生涯发展规划

1. 职业生涯发展规划的含义

为了更好地理解和认知职业生涯发展，促进职业生涯发展，我们需要科学地进行职业生涯发展规划。那么，什么是职业生涯发展规划呢？所谓职业生涯发展规划，是指一个人在对自身因素、家庭因素、组织因素和社会因素等进行全面分析的基础上，把个人发展与组织发展相结合，制定出一生在事业发展上的战略设想与计划安排。

职业生涯发展规划的自身因素，包括生理、心理、知识、优势、不足等，家庭因素包括对自身职业生涯发展的支撑、自身职业生涯发展给家庭带来的影响等，组织因素和社会因素包括所处的组织和社会对自身职业生涯发展的支撑与限制等，然后对这些因素进行全面分析，制定自身的发展目标，进而通过相应的教育、培训、工作来实现职业生涯发展目标，并对实现过程的时间、顺序和方向做出合理的安排与规划。

职业生涯发展规划的实现过程，可以从个人角度和组织角度来认识。

从个人角度来看，职业生涯发展规划是个人对自己一生职业发展道路的设想和规划，一般为选择什么样的职业。经过对自身条件及社会环境进行全方位的分析后，确定自己选择什么样的职业，以及在什么地方、什么单位去从事这种职业，自己的职业生涯发展目标是什么，分几个阶段实现职业生涯发展目标，目标实现的具体时间，取得什么样的职位、职务、荣誉等。同时，随着职业生涯发展，自己的生活状况是什么样的，如何处理生活和职业之间的关系等，这些也需要在做职业生涯发展规划的时候考虑。

从企业角度来看，企业组织中的人力资源管理工作者为了提高企业的工作效率，帮助企业中的员工设计自己在企业的职业生涯发展路径，促使员工的职业生涯发展方向与企业的发展方向相一致、相吻合，既能促进员工的职业生涯发展成功，也能极大地促进企业的发展。一般而言，知识密集型企业中，高素质、高技能型员工聚集，员工普遍接受过良好的职业教育，都比较了解职业生涯发展，都有自己的发展目标与发展路径，有比较明确的认知，也有比较强烈的发展愿望，但是并不是说，普通企业的员工就没有规划，只是普通企业的员工可能多数人对职业生涯发展的理论认知不太深，对职业生涯发展规划的手段与方法不熟悉而已，可以这样说，几乎每一个企业的员工，或多或少，或深或浅，都有结合企业发展，规划自己职业生涯发展的思考，企业人力资源管理部门可以运用各种方法与手段，激发他们成就职业生涯发展的热情，引导他们逐步实现自己的职业生涯发展规划，最终促进企业的发展。同时，企业的管理者，以及企业的人力资源管理工作者，要发掘引导员工的这种积极性，把企业的需要与员工的愿望有机地结合起来，激发员工工作的积极性与创造性。

2. 职业生涯发展规划的分类

职业生涯发展规划的分类很多，根据不同的标准，就会有不同的分类。职业生涯发展规划如果按照规划时间的长短来分类，可分为人生规划、长期规划、中期规划、短期规划四种类型，如下图所示：

类型	定义及任务
人生规划	整个职业生涯发展的规划，时间长达 40 年左右，设定整个人生的职业生涯发展目标。如规划成为一个有数亿资产的公司董事等
长期规划	设定较长远的目标，5—10 年的规划。如规划 30 岁时成为一家中型公司的部门经理，40 岁时成为一家大型公司的副总经理等
中期规划	一般为 3—5 年内的目标与任务。如规划到不同业务部门做经理，规划从大型公司部门经理到小公司做总经理等
短期规划	确定近期目标，3 年以内的规划。如对专业知识的学习，掌握哪些业务知识等

人生规划，是指个体一生的职业生涯发展规划，一般长达 40 年

左右，规划一个人一生的职业生涯发展目标。一般而言，人生规划是人生的奋斗目标，比较宏观，比如规划成为一名科学家、警察、高校教师等，但是非常重要，因为这一目标明确了人生职业生涯发展的方向。一般而言，人生规划由几个长期规划组成。

长期规划，是指个体比较长远的职业发展目标，一般时长5—10年。如青年小郑，从小生活在教师之家，耳濡目染，立志从事教育事业，成为一名高校法学专业的教授。为了实现自己的人生规划，他高考时报考了法学专业，考取了省内一所“双一流”高校。他的长期规划就是30岁前，从国内著名高校博士毕业，取得高校教职。为了实现他的长期规划，小郑正努力学习，准备考取著名大学的硕士研究生。一般而言，几个长期规划组成人生规划。

中期规划，是指个体不太长时间内的职业生涯发展目标，一般时长3—5年。如一位基层公务员，他为自己未来的职业生涯发展做了规划，希望5年内成为一名副科级公务员，成为街道办副主任。两个中期规划实现长期规划，10年内能成为一名正科级街道办主任。一般而言，长期规划由几个中期规划组成。

短期规划，是指个体短期内的职业生涯发展目标，一般时长3年以内。如规划自己在2年内参加什么培训，强化对某方面专业知识的学习；规划2年内掌握哪些业务知识；或者规划1年内完成什么样的任务，取得什么样的证书，找到什么样的单位等。一般而言，中期规划由几个短期规划组成。

综上所述，从一个人职业生涯发展规划的时间视角来看，人生规划可以具体化为几个长期规划，一个长期规划又可以具体化为几个中期规划，一个中期规划又可以具体化为几个短期规划，可以说，短期规划、中期规划、长期规划、人生规划，环环相扣，短期规划任务的完成，中期规划目标才能实现；中期规划目标的实现，是长期规划目标实现的保障；长期规划目标的实现，是人生职业生涯发展成就的基础。

3. 职业生涯发展规划的意义

职业生涯发展规划是通过对个体的生理素质、心理素质、职业兴趣、职业价值观、知识结构、技术能力、生活经历等因素综合分析后，具体梳理出个体所适合的职业生涯发展方向、职业生涯发展目标、地域选择、具体举措等职业选择的过程。之所以要做职业生涯发展规划，是因为规划能让人更好地认知自我，尤其是认识到自己的优势与不足；能更好地挖掘自己的潜能和潜质，激发学习工作的积极性；能有针对性地学习知识、提高素质、增强能力，促进一个人的就业和发展。一个人职业生涯发展规划的意义，体现在以下几个方面：

第一，职业生涯发展规划有助于明确职业目标。通过分析自己、认识自己、评估自己，明确自己的优势与不足，清晰自己的职业定位，科学设定自己的职业生涯发展目标，并制定出具体的实施举措与路径，激发出工作热情，在工作中不至于迷失方向。

第二，职业生涯规划有助于抓住工作重点。做好职业生涯发展规划后，就能明白当前的工作重点是什么，现在应该干什么，不应该干什么；哪些工作当前必须做，哪些工作可以缓一缓；当前的焦点是什么，而不会过多地分散精力，从而更好地提高工作效率。我们在生活中，经常会出现这样的情况，去看演唱会，被歌手的精彩演出所感动，梦想自己也当一名歌手，从羡慕到行动，开始练歌了。一段时间之后，发现自己并不适合，此时又看到自己的朋友考了英语六级证书，决心自己也努力考取证书，但是六级证书对自己有什么作用，可能并不明确。这儿发一下力，那儿使一把劲，倒是非常努力，但最终可能一事无成。这就是因为职业生涯发展规划不明确造成的，因为他自己都不知道自己的目标是什么，也不知道当前要解决的焦点问题是什么。

第三，职业生涯发展规划有助于激发工作热情与动力。对绝大多人来说，职业生涯发展目标的实现是一个相对比较漫长的过程，充满了艰辛、枯燥、迷茫，有了职业生涯发展规划，就能减少迷茫与困惑，激发持续工作的热情与动力，因为随着时间的推移，你一步一步地实现规划，取得了一个又一个小目标的胜利，就会不停地激励自我，推动自己向发展目标一步一步靠近，这时你的思维方式和工作方式又会渐渐改变，斗志愈来愈强，干劲愈来愈大，能更好地鞭策自己，激励自我，使工作成效得到提升。

第四，职业生涯发展规划有助于评估当前状况。职业生涯发展规划有助于评估自己当前的工作和生活状况，我们可以参照规划的时间与部署、规划的举措与目标等，对照当前的工作与生活现实，评估规划的进展与不足，及时做出调整与改进，促进规划的实现。当然，有一点很重要，就是你的规划必须是具体的，可以实现的。对照自己的职业生涯发展目标，有效评估自己当前的状况，更好地聚焦目标，适时调整，使规划如期实现。

第五，职业生涯发展规划有助于挖掘潜能和潜质。一个人的潜能和潜质到底有多大，可能我们自己也不清楚。实际上，一个人的潜能和潜质是非常大的，面对挫折、困难、迷惑，只要我们集中精力，全神贯注，坚持不懈，就没有迈不过去的坎，就没有战胜不了的困难。做好职业生涯发展规划，有助于我们挖掘自己的潜能和潜质，发挥自己的优势与特长，经过较长时期的集中发力，就会靠近自己规划的方向与目标，工作上就会取得成就，最终成功实现自己的职业生涯发展目标。

第四节 研究内容

本研究主要从以下六个视域展开：一是职业生涯发展理论，二是新时期青年的自我认知，三是新时期青年的职业认知，四是新时期青年职业生涯发展规划中存在的问题与对策，五是做好新时期青年职业生涯发展规划，六是正确认知职业生涯发展成功。

一、职业生涯发展理论

（一）舒伯的生涯发展理论

1. 职业生涯发展阶段理论
2. 职业生涯发展阶段理论思想
3. 生涯彩虹图

（二）施恩的生涯发展理论

1. 职业生涯发展阶段理论
2. 职业锚理论

（三）霍兰德的职业兴趣理论

1. 霍兰德人格的六种类型
2. 霍兰德人格六种类型的关系
3. 霍兰德职业兴趣理论的价值分析
4. 霍兰德职业兴趣理论的意义

（四）其他职业生涯发展理论

1. 金斯伯格的职业生涯发展阶段理论
2. 格林豪斯的职业生涯发展阶段理论
3. 帕森斯的特质因素理论

二、新时期青年的自我认知

青年的自我认知，主要是指青年对自己及自身与周围环境关系的认知，包括对生理、心理、特长、优势、不足、价值观等方面的认知，也包括对所处社会特征等方面的认知。青年的自我认知，受外在环境的影响巨大，尤其是受社会的政治环境、经济发展状况、科技发展水平、社会价值潮流、成长环境、家庭氛围等方面的影响巨大。

新时期青年处于世界百年未有之大变局背景下，世界发展一日千里，融合日益加深，科技革命蓬勃发展，矛盾加剧，这些世情都会对新时期青年的世界观、人生观、价值观产生深远的影响。同时，我国已经融入世界发展的大潮中，成为世界向前发展的重要推动力，经济建设、政治文明、社会变迁、科技进步、社会思潮等都受到世界发展大势的深刻影响，虽然经济总量已位居世界第二，是联合国产业分类中唯一具有全部产业门类的大国，新时期青年有着巨大的职业选择空间，但我国仍处于发展的社会主义初级阶段。在这一大环境中，新时期青年对自己的认知就具有了新时期的痕迹，打上了新时期的烙印。

（一）新时期青年自我认知内涵

包括新时期青年自我认知的含义、自我认知的特点和自我认知的意义等，引导新时期青年如何正确认知自己，了解新时期青年发展的特点，影响新时期青年自我发展水平的因素、认知自己的方式、自我职业认知的途径等。

（二）新时期青年自我价值认知

包括新时期青年的社会价值观、职业价值观，尤其是那些已经广泛传播的社会价值观、职业价值观，都会对新时期青年的自我价值认知产生深远的影响。

三、新时期青年的职业认知

（一）职业分类简介

我国处在新时代，进入新发展阶段，新职业层出不穷，新时期青年的职业认知、职业核心技能认知、职业类型认知，以及对我国职业分类的认知，都会影响他们的职业生涯发展规划。本研究比较详细地介绍了我国现在的职业类型。

（二）青年职业认知存在的问题

本研究主要介绍了新时期青年的职业认知现状，重点分析了新时期青年职业认知存在的问题，力图找到解决这些问题的办法，促进新时期青年更科学地规划好自己的职业生涯发展。

（三）引导青年形成科学的职业认知

本研究从新时期青年职业认知存在的问题出发，有针对性地提出了解决这些问题的对策与方法，包括科学的职业认知、职业认知应注意的问题等。

四、新时期青年职业生涯发展规划中存在的问题与对策

（一）新时期青年职业生涯发展中存在的问题

主要是分析新时期背景下，青年人在职业生涯发展认知、职业生涯发展规划、职业生涯发展评价中所存在的不科学和不合理，甚至不正确的现象与问题。

（二）解决新时期青年职业生涯发展中存在问题的对策

主要针对新时期青年在职业生涯发展认知、职业生涯发展规划、职业生涯发展评价中所存在的问题，探寻解决这些问题的途径与方法，帮助新时期青年正确地认知自我和职业，科学地规划职业生涯

发展方向，合理地规划职业生涯发展，帮助青年人实现职业生涯发展理想，成就辉煌人生。

五、做好新时期青年职业生涯发展规划

（一）影响职业生涯发展的因素

影响职业生涯发展的因素主要包括经济因素、政治因素、社会因素、组织因素、自身因素等。

（二）做好职业生涯发展规划

主要从青年人为什么要做职业生涯发展规划，青年人如何做职业生涯发展规划，以及青年人在做职业生涯发展规划过程中应遵循的原则，青年人如何更好地实现职业生涯发展等方面来分析。

（三）职业生涯发展规划的调整

主要介绍了一个人为什么要进行职业生涯发展规划调整，哪些情况下要进行职业生涯发展规划调整，同时梳理了几个职业生涯发展规划调整的重要时间节点，并且就职业生涯规划调整应该注意的事项等进行了分析。

六、正确认知职业生涯发展成功

主要从两个方面来引导青年正确地认知职业生涯发展成功，一是什么是职业生涯发展成功，二是正确看待和争取职业生涯发展成功。

（一）什么是职业生涯发展成功

1. 职业生涯发展成功的界定

职业生涯发展成功，是指一个人在职业生涯发展中实现了自己确定和社会认可的职业目标。当然，职业生涯发展成功一般应具备一些基本条件与要素，尤其是要确定一个科学的职业生涯发展方向。

2. 职业生涯发展成功的标准

大家都普遍比较认同，一个人职业生涯发展是否成功，可以从进取、自由、安全、攀登、平衡等五个方面取得的发展来评判。

3. 职业生涯发展成功的评价体系

从职业生涯发展目标的实现、得到他人和社会的认可出发，职业生涯发展成功的评价可分为自我评价、家庭评价、组织评价、社会评价和历史评价，它们共同组成了职业生涯发展成功的评价体系。

（二）正确看待和争取职业生涯发展成功

1. 正确看待职业生涯发展成功

可从青年如何看待职业生涯成功的视域，引导青年正确认知职业生涯发展成功。职业生涯发展成功并没有一个统一的标准，不能简单地把职业生涯发展成功定位于几个常见的标准，比如一是取得多高的职位，二是掌握多大的权力，三是拥有多少财富，四是有多广的知名度，五是取得多大成就等，虽然这些指标经常被人们用来评价一个人职业生涯发展是否成功，但这些标准显然太简单化了，应该树立这样一种意识，那就是人人都能取得职业生涯发展成功，职业生涯发展成功一定是做出有益于社会的贡献，职业生涯发展成功是一个人一生的事。

2. 努力争取职业生涯发展成功

要激励青年从挖掘资源、加强学习、脚踏实地、提高修养、注重积累、调整心态等六个方面发力，持续提升自己的知识、技能，提升自己的人脉、金脉和知脉，助力自己职业生涯发展成功。

第五节　研究方法

本研究主要采用的研究方法有以下几种：

一、文献调查法

文献调查法就是通过查阅、收集各种文献资料，在整理归纳的基础上，通过分析来研究某类事物的本质特征，探寻此类事物发展规律的一种研究方法。

本研究通过查阅大量职业生涯发展研究相关书籍及论文，对青年职业生涯发展研究的资料进行了系统化、条理化的整理，在此基础上，对青年职业生涯发展进行了研究，让广大青年对职业生涯发展理论有一个系统的把握，对职业生涯发展影响因素有一个全面的认知，对职业生涯发展中存在的问题进行了梳理，并提出解决这些问题的途径和办法。总之，通过文献调查法，对职业生涯发展有了一个比较系统的认知。

二、案例分析法

案例分析法就是通过研究已经发生的相关案例，来探寻此类事物的本质，进而推断同类事物发展规律的一种研究方法。本研究通过对山西省一些高校学生的访谈和对山西省一些社区青年的访问调查，详细梳理了受访学生和社会青年对自己未来职业生涯发展的认知，分别从青年定位为国家公务员视角、专业技术人员视角、企业员工视角、创业者视角、自由职业者视角，进行了案例的全方位收集整理和较详细剖析，让广大青年从中体会感悟，吸收借鉴，提升自己对未来职业生涯发展规划的能力。

三、访谈法

访谈法主要运用面对面的方式，和调查对象在提前设定的话题下进行访谈。笔者在进行本研究前期，对山西省一些高校的学生及社区青年进行了访谈，对他们的职业生涯发展规划进行了初步摸底。同时，笔者还访谈了一些在高校做职业生涯发展研究的学者，共同探讨了青年在职业生涯发展规划中存在的困惑与偏差。访谈过程中，笔者重点深入社区一线，与青年人共同探讨在工作中遇到的困难、职业选择与现在工作的发展。通过访谈，笔者收集了大量的第一手资料，比较全面地反映了这部分青年人职业生涯发展规划的基本状况。

四、比较研究法

比较研究法就是通过对人和人之间、物与物之间、事与事之间的相似性程度，或者是它们之间的差异性程度，来研究与判断的方法。笔者在研究新时期青年职业生涯发展的过程中，主要是在收集整理资料的基础上，通过对比国内外青年职业生涯发展中对职业生涯发展认知的差异、国内外青年职业生涯发展中对职业生涯发展目标定向的差异、国内外青年职业生涯发展成功认知的差异等方面，剖析了国内外青年职业生涯发展规划的成果及其缺点，比较分析了我国青年职业生涯发展规划方面存在的不足，针对我国国情，从青年职业生涯发展的实际出发，提出了向发达国家借鉴，完善我国青年职业生涯发展规划方法、职业生涯发展成功认知等相关对策和建议。

五、问卷调查法

问卷调查法也叫问卷法，是采用提前拟制好的调查问卷，通过个别分发和集体分发等方式，让调查对象真实填写答案的一种方法。笔者选择山西省的一些有代表性的大学、有特色的高职院校、中职学校、普通高中、普通初中及太原市的10个社区的青年作为本研究问卷的调查对象，对收回的调查问卷进行了分析，对这些调查对象的职业生涯发展规划有了一个比较客观的认知与把握。

第六节　主要创新及需要进一步研究的问题

一、主要创新

本研究通过对职业生涯发展理论的梳理和对新时期青年职业生涯发展规划中存在的困难与问题的分析，就如何做好新时期青年职业生涯发展规划给出了建议和对策。

本研究对职业生涯发展理论梳理具有较强的严密性与条理性，对新时期青年职业生涯发展规划中存在的困难与问题的分析紧贴时代性，对新时期青年职业生涯发展规划的建议具有可操作性，为新时期青年做好职业生涯发展规划提供了较为完善的思路与方法，对帮助新时期青年做好职业生涯发展规划具有一定的创新性并具有指导意义。

本研究的主要创新点在于，笔者不仅系统梳理了职业生涯发展理论，详细介绍了舒伯的生涯发展理论、施恩的生涯发展理论、霍兰德的职业兴趣理论、金斯伯格的职业生涯发展阶段理论、格林豪斯的职业生涯发展阶段理论、帕森斯的特质因素理论等，同时对新时期青年的职业取向与职业认知进行了比较准确的梳理与界定，通过对比分析文献资料，总结出了新时期青年的自我认知、职业认知的特点，找出了新时期青年职业生涯发展规划中存在的问题，并对引起这些问题的成因进行了研究，提出了如何做好新时期青年职业生涯发展规划的建议和对策。

本研究指出，新时期青年在进行职业生涯发展规划的过程中，应重视自己的兴趣爱好、性格特点、家庭环境与社会环境，结合自己和社会对职业分类与职业前景的认知，从自己的实际情况出发，选择适合自己的职业生涯发展方向，确定合理的职业生涯发展目标，并精心进行目标分解，分阶段逐步实施，努力完成一个个具体目标，一步步实现自己的职业生涯发展理想，最终取得职业生涯发展成功。

本研究指出，兴趣爱好对于新时期青年的职业选择是非常重要的，如果对自己选择的职业没有兴趣，那么不仅浪费时间与精力，往往事倍功半，达不到好的效果，而如果一个人在自己感兴趣的领域从事工作，那么他的创新能力和拓展能力、工作的效率与成果就会事半功倍。

本研究指出，性格特点也影响一个人的职业选择，如果一个人的性格特点与自己所从事的职业相吻合，那么在职业生涯发展中就比较顺畅，能促进工作效率的提升。新时期青年的性格形成受社会经济、政治、文化、社会思潮等方面因素的影响，进而影响职业选择和职业生涯发展。

本研究指出，家庭环境也是影响一个人职业生涯发展的重要因素。人的一生是以自己的家庭为依托来发展的，家庭环境能否支撑自己的兴趣爱好和发展路径，甚至家庭环境能否在职业上助力自己，影响着一个人的职业生涯发展与成就。在新时期，家庭结构与家庭经济、家庭理念等都发生重大变化，极大地影响着新时期青年的职业选择与职业生涯发展，新时期青年要在职业选择时充分地认识与评估这一因素。

本研究指出，社会环境也影响一个人的职业选择。社会的体制机制、价值取向、经济发展水平、文明开放程度，都会影响一个人的职业选择。在做好新时期青年职业生涯发展规划的过程中，要分析研究自己所处的社会大环境，才能更好地选择自己的职业生涯发展之路，也才能更好地取得职业生涯发展成功。

同时，本研究认为，要正确地看待新时期青年的职业生涯发展成功。职业生涯发展成功要从自我评价、家庭评价、组织评价、社会评价、历史评价等层面来具体分析、评判，才能比较客观地认识新时期青年的职业生涯发展成功。

本研究认为，自我评价对职业生涯发展成功至关重要。人人都能成功，只要自己今天比昨天过得好，能承担国家和社会赋予自己的职责，能承担单位与组织给予自己的任务，自己就是成功的，不能以获得多大的官位与权力，获取多大的财富与地位、多广的知名度来界定,形成正确的成功评价观,才更有利于职业生涯发展与成功。

本研究认为，家庭评价也很关键，只要家庭成员认可、理解、支持你的职业生涯发展，你的职业选择就符合你的现实与实际。从家庭角度来看，你的职业生涯发展就是成功的。

本研究认为，组织评价也是一个人评价自己职业生涯发展成功与否的重要参考。如果你在组织中得到同事的赞扬、认可，得到了服务对象的肯定，你的职业生涯发展就是成功的。

本研究认为，社会评价也是一个人职业生涯发展成功的重要标志。如果你所处的社会舆论尊重你的职业，为所处的社会做出了贡献，得到了社会的肯定与认可，你的职业生涯发展就是成功的。

本研究认为，历史评价也是一个人职业生涯发展成功的重要环节。历史评价主要是指对一个单位，或者是对一个地域比较长久的影响力，或者是对一个家庭、对一个人的发展有比较持久的影响力。

本研究对新时期青年系统学习、理解职业生涯发展规划具有重要的启发意义，也充分体现了新时期青年职业生涯发展规划的新特征，具有较强的创新性，并且也能帮助新时期青年用理论指导自己，客观面对现实，合理规划自己的职业生涯发展，助力他们更好地健康成长、成才！

二、需要进一步研究的问题

本研究还有一些不足之处，主要表现在理论梳理还不太全面，对调查资料的分析和总结可以进一步深化，尤其是需进一步结合新时期青年的特点进行分析，调查研究的范围比较有限，问卷调查与访谈局限于山西高校与山西的一些社区，全国层面的研究主要通过文献调查法，案例缺少生动性等。

做新时期青年职业生涯发展规划应重视兴趣爱好、性格特点、家庭环境与社会环境等影响因素，影响因素可以进一步发掘完善；看待职业生涯发展成功从自我评价、家庭评价、组织评价、社会评价、历史评价等视角来划分，评价的范围可以进一步拓展。

总之，新时期青年职业生涯发展研究还有一些问题需要进一步深化，对新时期青年的特点、需求需进一步调查研究。当然，对新时期青年职业生涯发展的研究更需随着时代的发展，与时俱进，进一步丰富与完善。

第二章　职业生涯发展理论梳理

职业生涯发展是青年健康成长和成才所面临的一个重要问题。人们都知道职业生涯发展的重要性，但是如何规划好职业生涯发展，绝大多数人就不那么清晰了。要想规划好一个人的职业生涯发展，就需要对职业生涯发展理论有一定的了解与认识，对自己所具有的社会因素、家庭因素、职业因素、个人因素等能进行全面的分析、梳理、研判，才可能对自己的职业生涯发展进行合理规划，并对自己所拥有的各种有效资源进行合理配置，有效整合，高效运转，才能更好地促进自己职业生涯发展成功。

虽然很多新时期青年认识到了做职业生涯发展规划的重要性，但在实践中往往“这山望着那山高”，急切追求发展机会，结果却是不断地失去发展机会。新时期青年要规划好自己的职业生涯发展，了解一些职业生涯发展理论是必要的，因为职业生涯发展理论科学地反映了职业生涯发展规律，对做好职业生涯发展规划具有较强的指导性，会影响一个人对自己职业生涯发展的规划与认知，是一个人做好职业生涯发展规划的前提和基础，也是职业生涯发展评价与职业生涯发展满意度的重要参考。

第一节 舒伯的生涯发展理论

舒伯被认为是生涯教育与职业生涯发展规划领域最具权威性的研究者之一，他对职业生涯发展规划研究做出了重大贡献。舒伯关于生涯教育与职业生涯发展规划的理论，主要有职业生涯发展阶段理论和生涯彩虹图理论。

一、职业生涯发展阶段理论

舒伯认为，一个人的职业生涯发展过程可以分为以下五个阶段：第一是成长阶段，第二是探索阶段，第三是确立阶段，第四是维持阶段，第五是衰退阶段。

舒伯认为，一般而言，一个人的职业生涯发展都要经历这五个阶段，因而一个人应了解职业生涯发展的过程，重点是了解每个阶段的主要特征与任务，这样，一个人就大体上可以明白自己处于哪一个职业生涯发展阶段，就会明白此阶段应该关注的焦点、工作的重点，甚至能明白这一阶段的工作方式、生活方式，这将影响一个人职业生涯发展每个阶段的成败，最终影响职业生涯发展成败。

（一）成长阶段

舒伯认为，一个人职业生涯发展的成长阶段，大体上从一个人出生到 14 岁。如果进一步细分的话，成长阶段又可分为幻想期（10 岁前）、兴趣期（11—12 岁）和能力期（13—14 岁）三个小阶段。

成长阶段的主要特征是：受社会和家人、亲戚与邻居、老师和同学、朋友和玩伴等的深刻影响，开始逐渐建立起自我概念，对职业产生兴趣，幻想自己未来的职业，学习培养自己的职业能力。

在成长阶段的早期，一个人的角色扮演是极为重要的，包括早期对周围人角色的认同，也包括在游戏过程中的角色扮演。这一时期，一个人对自己周围成长过程中的职业环境高度敏感，在成长与玩耍的过程中，有意无意地扮演各种各样的职业角色，模仿各种各样的职业角色，感受各种各样的职业角色，并对自己喜欢的职业角色建立起最初的印象，开始有了自己未来职业角色概念的萌芽。比如，在一个人的成长阶段，他的父母是教师，每天潜移默化地受教师、教学、学校氛围的熏陶和影响，就可能对教师这一职业产生较高认同，甚至初步形成了以后从事教师工作的想法。

到成长阶段的后期，多数人即将进入人生的青春期，经过前期社会环境、周围环境，尤其是家庭环境的影响，开始对自己的兴趣、爱好、能力等方面有了一些基本了解，并且有了自己未来愿意从事职业的大体方向，开始树立理想，认真思考，甚至开始着手努力和准备了。

（二）探索阶段

舒伯认为，一个人职业生涯发展的探索阶段，年龄 15—24 岁。这一阶段是一个人职业生涯发展方向选择的关键时期，是一个人职业生涯发展非常重要的一个时期。

探索阶段的主要特征是：一个人开始选择自己的职业方向，确定自己未来的职业生涯发展，并且开始通过学校教育，或者是参加培训，或者是参与工作，学习和培养自己的职业知识、职业技能、职业特长和职业能力，开始朝着自己未来的职业生涯发展方向努力，也就是说，已经初步选定了自己的职业生涯发展方向，并且为能够胜任这一职业选择而全力以赴地开始做准备工作了。

在这一阶段，为了能够实现自己的职业选择，一个人最主要的任务是根据自己的兴趣，依据自己的现实基础，确定自己的职业生涯发展取向，并且选择合适的途径和方式，获得自己职业生涯发展取向所需的知识、技能，也就是开始为适应某个职业而做充分的职业准备，并做出需进行相应教育、培训的决策。比如，一个人经过各方面的研判与评估，希望自己将来成为一名医生，他就开始做相关方面的教育决策，在高考中选择医学专业，这是现代社会成为一名医生最主要的途径。当然，也有一些人是通过选择参加医学方面知识和技能的培训，或者开始跟着医师进行医学跟岗学习来实现自己的职业取向。

（三）确立阶段

舒伯认为，一个人职业生涯发展的确立阶段，年龄 25—44 岁。这一阶段是大多数人职业生涯发展周期中，最为核心、最为关键的阶段。

这一阶段的主要特征是：一个人一般已找到合适自己的职业，已经全身心地投入职业，希望在自己选择的职业中得到长久发展和长久收益。

舒伯认为，确立阶段一般还包含三个子阶段：

1. 尝试子阶段

大约在一个人确立阶段的前期，年龄 25—30 岁。尝试子阶段的主要特征是：在从事自己选择的职业和工作中，体验、反思、判断自己是否真的喜欢这一职业，是否真的适合这一职业，如果不喜欢、不适合，尝试进行改变。

我们可以通过一个例子来做一说明。张某，在职业学院学习的是物业管理，他将自己的职业选定在房地产销售行业。毕业后，他选择在一家国内某知名房地产公司山西分公司的营销部工作。在以房地产销售员身份进行了几个月的销售工作后，他发现，房地产销售员要与不同的客户打交道，要善于换位思考，善于表达，但他不太善于和人沟通交流，倒是像物业管理人员这种与人打交道更少的职业，可能更适合自己。因为他感到自己不善于和人打交道，所以他开始尝试着变化，申请调配到物业管理部门，尝试向物业维修这类与人打交道比较少的职业转变。

2. 稳定子阶段

大约在一个人确立阶段的中期，年龄 30—40 岁。稳定子阶段的主要特征是：已经确定了自己的职业目标，在职业生涯发展的道路上稳定下来，有明确的职业生涯发展路径，并为实现这些目标全力以赴，且接受了一系列获得职业生涯发展所需的各种教育、培训活动。

笔者在调研中，发现这么一个案例。李某，35 岁，已经结婚生子，在中国一个二线城市的高职院校讲授电机课。他已经接受过我国西部城市一所 211 大学机电专业 4 年的学习，为自己的职业生涯发展奠定了较为坚实的专业基础，在西部城市某大型国企工作 3 年后，又考取了我国中部一个二线城市 211 大学的工科研究生。毕业后，他接受家人的建议，考取了家乡的一所高职院校从事教学工作。经过近 7 年的教师职业生涯发展，他成长为这所高职院校的骨干教师，并被评为副教授，职业生涯发展处于比较稳定的状态。

3. 中期危机阶段

在一个人确立阶段的后期，年龄 40—45 岁。中期危机阶段的主要特征是：对自己的职业生涯发展现状进行评估，反思自己的职业生涯发展成就及最初的职业选择。一些人可能通过评估、反思，对自己走过的职业生涯发展道路不满意，甚至否定自己的职业生涯发展，出现职业中期危机。当然，也有一些人通过评估、反思，对自己走过的职业生涯发展道路满意，甚至认为自己的职业生涯发展是成功的，职业中期危机并不明显。

笔者的调查对象王某，40 多岁，20 岁左右时定的职业生涯发展理想是成为一家大医院的名大夫。经过较长时间的学习和培训，他现在仍然在医疗基层工作，专业发展不尽如人意，自认为难以实现自己最初的发展梦想，开始反思自己最初的职业生涯发展理想是否定位准确，怀疑自己最初的职业选择，虽然现在从事医疗行业，但处于基层，和自己最初的职业生涯发展理想还是有不小的差距，处于困惑焦虑中，即处于一种职业生涯发展的中期危机阶段。

（四）维持阶段

到了 45—60 岁，许多人进入很简单的维持阶段。尤其是我国女性，到这一阶段，已经准备从职业生涯发展中退出了。如女工人，50 岁就办理了退休手续，而男工人，大多进入了自己职业生涯发展的后期阶段。维持阶段的主要特征是：在自己的职业生涯发展中有了一定的成就和职业地位，为保持这一职业地位或成就继续努力工作。

例如，笔者在调研的过程中，遇到一位社区的工作者李女士，虽然她已经 48 岁了，但显得特别年轻。原来她在一家国有冷库企业工作，45 岁按特殊岗位办理了退休手续。退休后，招聘到自己所在的社区从事服务工作，她对职业生涯发展的期望就是维持现状。她说，她有退休金，在社区工作还能再拿一份收入，她准备再干几年，就退出工作岗位，回家照顾年迈的老母亲。孩子也快结婚了，即将迎来孙辈，她打算回归家庭。李女士的职业生涯发展显然已经进入了维持阶段。

（五）衰退阶段

舒伯认为，60 岁之后，大多数人都进入了职业生涯发展的衰退阶段。这一阶段的主要特征是：人的体力、智力都开始走下坡路，人们不得不把精力和时间花在对抗这种下降上来，接受自己责任和权力的减少，面对退出职业和结束职业，开始谋划退休生活。

这一时期，我国绝大多数的女性已经结束职业，男性也绝大多数已退休。发达国家退休年龄一般在 65 岁，这一时期正做从职业中退出的准备。

笔者在社区调研中遇到一些带孙子辈的“年轻”老人，他们大多刚刚退休，谈起自己职业生涯发展的末期，都深有感触地说，到了 60 岁左右，身体或多或少出现了一些状况，在职业生涯发展中难以再有创新与突破，一般就是保持工作，并做好退休准备。

二、职业生涯发展阶段理论评析

舒伯的职业生涯发展阶段理论的主要观点体现在以下几方面：

（一）人是有差异的

舒伯之所以认为一个人的职业生涯发展分为五个阶段，是因为他认为人各不相同，人是有区别、有差异的，这种区别和差异主要表现在以下几个方面：

（1）每个人的体力、智力、经历、兴趣、知识、人格、技能是有差异的，都有自己独特的价值理念。

（2）以上差异决定了每个人所选择职业和岗位的不同。

（3）每种职业对人都有特定的要求，但是职业和人都是可以改变的，都有一定改变的空间。

（4）一个人的职业生涯发展由智力水平、人格特征、家庭状况、所处环境，甚至机遇等综合因素所决定。

（二）职业选择与调整是一个过程

人们对职业的认知与适应，以及对自我的认知，会随着时间的变迁和经验的积累而变化，这使得职业选择与调整成为一种连续的过程。如在调研中，笔者碰到这样一位社区工作者，她原来在公交公司从事售票工作，但工作了近 10 年，也没有企业的正式编制，她为此而苦恼，觉得付出与回报反差太大，无法实现自己的职业生涯发展理想，就毅然决然在40岁时，从公交公司辞职，应聘到自己生活的社区从事社区服务工作。在工作过程中，她既能兼顾工作与家庭，又觉得在工作过程中没有身份的反差，对工作感到比较满意。在和社区居民的交往过程中，她也得到了大家的认可与赞扬，也能体现出自己的人生价值。从她的职业调整与发展中，体现了职业选择与发展是一个动态调整的过程。

（三）职业生涯发展过程具有可塑性

一个人职业生涯发展的过程，是一个不断调整、不断折中的过程，舒伯把它称之为职业生涯发展过程的可塑性。一方面是人们对职业生涯发展满意程度认知的可塑性，如果一个人的兴趣、爱好、知识、才能、工作成果得到认可，他往往就会对自己的职业比较满意，反之就会产生厌倦情绪。满意程度认可是一个动态的过程，是不断发展变化的。另一方面是一个人在职业生涯发展过程中，慢慢适应了这种职业，职业影响、改变了一个人的气质、爱好甚至生活方式，他越来越适应职业角色，甚至外表也打上了深深的职业烙印，也可以说，他在职业生涯发展过程中塑造了自我。

三、生涯彩虹图

生涯彩虹图是舒伯为了综合阐述职业生涯发展阶段与角色之间的相互影响，创造性地描绘出一个多重角色生涯发展的综合图。总的来说，生涯彩虹图是对职业生涯发展阶段理论的修正与形象表达。

（一）生涯彩虹图解析

1957—1990年，舒伯逐步拓宽和修改了他的生涯发展理论，创造性地设计出了生涯彩虹图。

为了更好地展现职业生涯发展过程，舒伯把一个人一生的主要角色进行了勾画，绘制成一张生涯彩虹图，形象地展示了一个人的职业生涯发展过程。

在生涯彩虹图中，纵向代表一个人纵贯一生的生活空间，由一系列工作职位和社会角色所组成，横向代表的是横跨一生的生活广度。

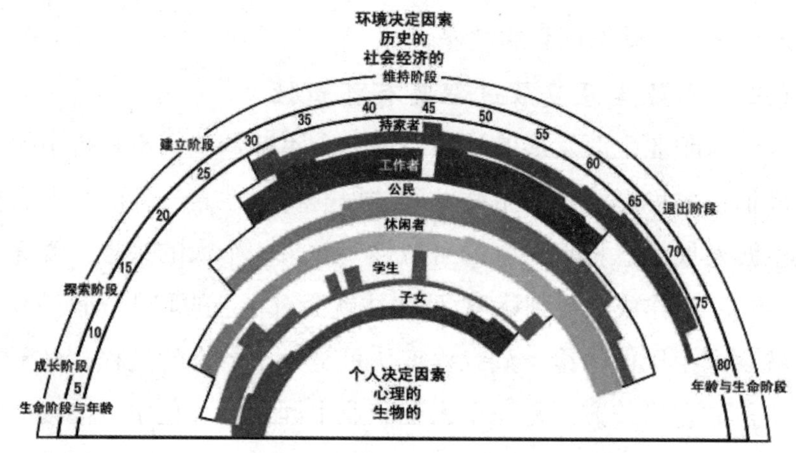

生涯彩虹图（舒伯，1980）

舒伯认为，一个人的一生，需要扮演不同的社会角色。大体上有：子女、学生、休闲者、公民、工作者、持家者等六个不同的角色，这些角色相互交织、相互作用、相互影响，勾画出一个人独特的角色生涯类型。

生涯彩虹图的外圈为一个人一生主要的发展阶段，内圈表示在这一年龄阶段各种社会角色的分量。一个人在同一年龄阶段，可能同时扮演几种角色，因此各个角色之间彼此会有交叉重叠，但所占比例和分量不同。舒伯把一个人一个年龄段承担的主要角色，称之为显著角色，他认为一个人的每一阶段都有显著角色。

1. 横跨一生的彩虹——生活广度

彩虹的外层显示人生主要的发展阶段和大致年龄。按照生涯彩虹图的设计，人生发展一般可分为五个阶段：

第一，成长阶段，年龄 0—14 岁，也就是一个人的儿童期。

第二，探索阶段，年龄 15—20 岁，也就是一个人的青春期。

第三，建立阶段，年龄 30 岁左右，也就是一个人的成人前期。

第四，维持阶段，年龄 45 岁左右，也就是一个人的中年期。

第五，衰退阶段，年龄 60 岁左右，也就是一个人的老年期。

舒伯认为，在这五个主要的人生发展阶段内，还有一些比较小的阶段，舒伯特别强调各个阶段的年龄划分有比较大的弹性，不一定都要按他设想的年龄来划定，应根据一个人具体的发展情况来划分。

2. 纵贯上下的彩虹——生活空间

一个人在一生当中，必须扮演六种主要角色。如果按一生发展的顺序来排列，分别是：子女、学生、休闲者、公民、工作者、持家者。一个人在每一个阶段对角色的投入程度，可以用颜色来表示，颜色面积越多，表示该角色投入的时间、精力越多；空白越多，表示该角色投入的时间、精力越少。

他认为，各种角色之间是相互关联、相互影响的，一个角色的成功，特别是早期角色如果发展得比较好，将会为其他角色提供良好的基础，但是如果一个人在一个角色上投入过多的精力，而没有平衡协调好其他角色关系，就可能导致其他角色失败，因为舒伯认为，一个人一生的时间和精力是有限的。

（二）生涯彩虹图使用实例

生涯彩虹图的第一层，是子女角色。半圆形最中间一层，是这个人在 5 岁以前的角色，涂满颜色，之后渐渐减少，8 岁时大幅度减少，一直到45岁时才迅速增加。此处的子女角色，在父母健在的情况下，应该是一直存在的。这一角色的早期，享受被父母养育照顾，随着年龄的增长，慢慢成熟，开始同父母平起平坐，而在父母年迈之际，则需要多花费一些时间和精力，来陪伴、照顾父母。

第二层，是学生角色。学生角色从四五岁开始，10岁以后进一步增强，20岁以后大幅度减少，25岁以后戛然而止，但到30岁以后，学生角色又出现，特别是40岁出头时，学生角色竟然涂满了颜色，但2年后又完全消失，直到65岁以后。这是由于处于现代科技发展日新月异、知识迅猛发展的社会，青年在离开学校、进入社会工作一段时间之后，常会感到自身的知识已不能满足工作需要，需要重回学校以进修的方式来充实自我。也有一部分人甚至要到中年，儿女长大之后，暂时离开原来的工作，接受更高层次的教育，以开创职业生涯发展的“第二春”。学生角色在35岁、40岁、45岁左右凸显。

第三层，是休闲者角色。这一角色在一个人的青年期，能比较平衡地发展，到60岁以后迅速增加。为什么舒伯会把休闲者角色列入职业生涯规划中呢？其实，平衡工作和休闲，是人一生一项非常重要的任务，特别是在如今快节奏、高效率的社会中，正如图中的空白，休闲是我们维持身心健康的一种重要途径与形式。

第四层，是公民角色。公民角色从20岁开始，35岁以后得到加强，65—70岁达到顶峰，之后慢慢减退。公民角色就是要承担社会责任，关心国家大事，关心民族发展。

第五层，是工作者角色。工作角色从26岁左右开始，40多岁时工作者角色完全消失。对比其他角色，不难发现，这一阶段学生角色和持家者角色都有不同程度的增强。两三年后，学生角色减少时，持家者角色的投入恢复到平均水平，而工作者角色又被颜色涂满，直至60岁以后开始减少，65岁终止工作者角色。

第六层，是持家者角色。这一角色可以分为夫妻角色、父母角色、(外)祖父母角色等。持家者角色从30岁开始，头几年精力投入较多，之后维持在一个适当水平，一直到退休后，开始加强这一角色。76—80岁几乎没有了持家者的角色。

通过生涯彩虹图我们可以看出，虽然一个人在一生的发展过程中，一定还扮演着其他一些角色，但上图这些角色，是最基本的角色。在使用生涯彩虹图时，一个人可以根据自身情况，进行适当调整。

（三）生涯彩虹图的优缺点

1. 生涯彩虹图的优点

(1) 生涯彩虹图是建立在长期研究和实践的基础上，实事求是地反映了一个人一生的角色过程，形象地勾画出了一个人一生职业和生活的内在关系，是科学的、合理的。现在，生涯彩虹图依然被大众所认同，也是目前生涯辅导与操作的具体指导方法之一。

(2) 在当时的生涯理论中，多数人关注的焦点集中在职业选择上，而生涯彩虹图比较全面地展示了一个人的职业生涯发展与人生角色的关系。虽然也有少数理论工作者对生涯发展的问题产生兴趣，如金斯伯格，但他的理论没有全面展示生涯发展与人生角色的关系。在当时，只有舒伯的生涯彩虹图比较全面地关注到了这一点。

(3) 舒伯创造性地绘制出生涯彩虹图后，不断对此图进行了发展与完善，做了很多进一步的解释和说明。如今，虽然时代发生了巨大变化，人们的寿命也延长了很多，社会角色也进一步复杂多样，但生涯彩虹图依然有很强的现实借鉴意义。

2. 生涯彩虹图的缺点

(1) 由于社会的快速变迁，终身学习观念的提出，尤其是人们寿命的延长，延迟退休的普遍实施，舒伯生涯彩虹图中关于子女角色、工作者角色、休闲者角色与任务，应该进一步丰富与完善，否则会显得和现代社会人的职业生涯发展之间有明显的差异。

(2) 舒伯生涯彩虹图对一个国家和地区的经济因素、社会因素、政治因素、文化因素等对生涯发展的影响，研究得比较少，感觉经济因素、社会因素、政治因素、文化因素对一个人的职业生涯发展影响不大，但在现代社会，经济因素、社会因素、政治因素、文化因素对个体职业生涯发展影响较大，而其中的学习因素与职业生涯发展历程的关系也需进一步深入研究。

第二节　施恩的生涯发展理论

施恩对职业生涯发展研究做出了开创性的贡献，他的理论成就被广为传播，得到人们的广泛认可。

一、职业生涯发展阶段理论

施恩从一个人一生不同年龄段所面临的问题，以及一个人在不同年龄段职业的主要任务角度出发，将一个人一生的职业生涯发展分为九个阶段：

第一阶段，成长、幻想、探索阶段。

第二阶段，进入工作阶段。

第三阶段，基础培训阶段。

第四阶段，早期职业正式成员资格阶段。

第五阶段，职业中期阶段。

第六阶段，职业中期危机阶段。

第七阶段，职业后期阶段。

第八阶段，衰退和离职阶段。

第九阶段，离开组织或职业退休阶段。

（一）成长、幻想、探索阶段

施恩认为，一个人 0—16 岁时，职业生涯发展处于此阶段。在这一阶段，一个人需要准备或者完成这几个任务：

第一，探索自己的需要和兴趣是什么，学习和获得相应的知识、技能，为将来从事职业打好基础。

第二，获取相应的职业信息，发展完善自己的价值观、认知和抱负，确定自己为了实现把职业设想转变为职业现实，应该接受什么样的教育和培训。

第三，接受相应的教育和培训，学习掌握从事职业所需要的基本知识和技能。在这一时期，主要的角色是学生、职业后备者、职业申请人等。

（二）进入工作阶段

施恩认为，一个人 16—21 岁步入该阶段。

在这一阶段，一个人一般开始职业选择，尝试获得第一份职业。不过，在现代社会中，一个人在此年龄段内，大多为获得第一份职业而学习。

但也有可能已经和雇主或者单位达成正式的职业合同关系。一个人成为一个组织或一种职业的成员，充当的角色是应聘者、新成员。这一阶段是一个人职业生涯发展的关键时刻，初次的职业选择，对一个人的职业生涯发展影响巨大。要取得比较好的职业生涯发展前景，就要高度重视初次的职业选择。

（三）基础培训阶段

施恩认为，一个人在 21—25 岁步入该阶段。处于该阶段的青年，一般都已经进入一个单位或者一个组织，他们主要承担的是职业助手、职业实习生或者职业新手的角色。在这一时期，一个人主要的任务是了解组织、熟悉业务、接受组织文化、融入工作环境，争取尽快成为一名合格的组织成员，尽快熟悉工作的操作程序，应付工作，尝试全身心地融入组织发展中。

（四）早期职业正式成员资格阶段

此阶段的年龄是25—30岁。在此阶段，一个人一般已经成为单位与组织的合格工作者，主要工作任务有：

第一，承担相应的工作岗位责任，合格完成组织或者单位分配的相关工作任务。

第二，展示和完善自己的职业技能和职业专长，为提升发展自己或职业的横向领域发展奠定基础。

第三，根据自己的价值观及知识和技能，结合单位与组织的实际，重新评估自己的选择，思考自己是否适合这个组织或适合这一职业。在这一阶段，一个人要在自己的需要、单位约束、单位机会之间寻找平衡，尽快在组织中寻找到自己职业生涯发展的合适职位，确定目标，持续发展。

（五）职业中期阶段

施恩认为，一个人在30—40岁步入该阶段。处于职业中期的人，需要完成的主要任务有：

第一，确定一项明确的技能或领域，坚持努力，持续发展，获得认可，或争得管理岗位，保持职业和工作的稳定发展。

第二，获得职业竞争力，在自己选择的专业或领域，经过长期积累，力争成为此职业或者工作领域的专家、职业能手。

第三，承担责任，适应自己的工作岗位，承担自己工作过程中可能带来的责任，确立自己在单位中的地位。

第四，面对自己的职业、自己的岗位，进行长期职业规划。

（六）职业中期危机阶段

施恩认为，一个人在40—45岁步入该阶段。在这一阶段，需要完成以下主要工作或任务：

第一，面对工作现实，评估自己的工作和生活及职业生涯发展理想和未来的发展前途，对自己有一个更清晰的定位与认知。

第二，接受现实，或开始思考争取可能得到的前途，做出现实的选择，获得现实的改变。

第三，在实际工作中，建立与他人良好的合作与工作关系，削弱中期危机阶段的影响。

（七）职业后期阶段

施恩认为，一个人在45—55岁步入该阶段。在这一时期，一个人的职业生涯发展一般到了职业后期阶段，需要完成的主要任务有：

第一，努力成为一名优秀工作者，尽量发挥岗位、职业的影响力，指导别人，对他人的工作与发展承担责任。

第二，尽量拓展自己的职业技能，提高自己的才干，尽可能地在更大范围、更广领域承担责任。

第三，如果寻求安稳，不谋求更大发展，就要尝试接受影响力、权力下降的挑战。

（八）衰退和离职阶段

一个人在55—60岁处于衰退和离职阶段。在这一时期，不同的人会在不同的年龄离职，退出工作岗位。在我们国家，由于退休年龄是男60岁、女50—55岁，多数女性在这一阶段会开始离职，多数男性开始为离开工作岗位而做一定的准备，工作效率和能力走向衰退。在这一阶段，需要面对的主要任务有：

第一，要面对现实，接受自己在工作中权力、地位及工作责任的下降。

第二，要面对工作竞争力、工作进取心下降的现实，学会面对和适应新的角色。

第三，适应和面对现实，重新评估自己的职业生涯发展，开始着手准备退出工作岗位，也就是要准备退休了。

（九）离开组织或职业退休阶段

施恩认为，一个人60岁以后步入该阶段。在这一时期，大多数人退休了，需要完成或者面临的问题与任务是：

第一，面对职业、工作、生活的急剧变化，调整自己，做出改变，面对退休生活，接受新的角色，适应新的生活方式和新的评价标准。

第二，坚持自己的职业价值观，运用自己工作中积累的经验，整合职业生涯发展的各种资源，对年轻人进行传帮带，发挥余热，延续一段时间的影响力。

需要说明的是，施恩虽然是根据年龄顺序划分了职业生涯发展阶段，但他并没有拘泥于此。他认为，一个人职业生涯发展的阶段，更多的是根据一个人从事的职业类型、承担的职业任务、自己的工作状态，以及身体的健康程度等方面综合考虑来划分的，具体到每个人，他们经历职业生涯发展阶段的年龄是各不相同的，施恩只是提出了大致的年龄跨度，但在具体的个体发展上，这些年龄阶段是有所交叉的。

二、职业锚理论

职业锚理论由施恩提出，该理论又称为职业定位理论。

（一）职业锚的含义

职业锚，也有人称之为职业定位点。施恩所说的职业锚，就是人们在选择职业、发展职业时所围绕的中心、核心或焦点。这一中心、核心或焦点，就是指一个人在自己的职业生涯发展中，最看重、最倚重、最重要的核心技能或核心价值观。

这种核心技能或核心价值观到底是什么？就是当一个人不得不做出职业选择的时候，他不愿意轻易放弃或不能放弃的东西，比如一项技能、一种能力，或是一种生活方式、一种价值观念、一种兴趣爱好等，总之是一个人在职业生涯发展中最看重的东西。施恩认为，一个人在职业生涯发展中认为最重要的东西，就是他的职业锚。

笔者试举一个例子来说明什么是职业锚。笔者在调查的过程中，遇到这样一位女同学小王，她从小喜欢语言学习，高中的时候因此选择了外国语类学校。她在学习中偏重英语，语言天赋较好，发音纯正。大学也是学习英语专业，毕业后考取山西一所不错的高中任职，担任英语教师。由于她平时能歌善舞，性格活泼，经常在学校举行的一些活动中担任主持人，得到了大家的一致好评。一次在市教育局举办的系列活动中，她被临时抽调去做主持工作。因为主持工作做得非常出色，活动结束后，市教育局领导找她谈话，希望她能来市教育局做行政工作，编制暂时先放在教育局下属的研究所。面对职业生涯发展中的重大选择，小王有些迷茫。教育局肯定接触面宽、信息广，而且离家还比较近，说不准经过几年的磨砺，还能走上领导岗位，但是要放弃自己从事了 10 多年的英语教学工作，小王非常纠结和迷茫。经过几天慎重的思考，小王最终放弃了去市教育局从事行政管理工作的机会，而是继续自己的英语教学工作。从小王的选择可以看出，她的职业中心、核心或焦点，就是英语教学工作，她最看重、最倚重、最重要的核心技能或核心价值观，或者说她的职业锚，就是自己的英语教学工作。

一个人对自己的天资、能力、动机、需要、态度、价值观等有比较清楚的认知之后，就会逐渐意识到自己的职业锚到底是什么。有些人也许一直都不知道自己的职业锚是什么，直到他们不得不做出某种重大选择的时候，比如当一个人需要调整岗位时，他是换一个地方去单位总部从事管理工作，还是继续从事自己的专业工作时；是辞去现在的工作创建一个属于自己的公司，还是继续打工等时，才清楚自己工作中最看重的是什么，也才明白自己的职业锚是什么。

施恩同时认为，要想提前预测自己的职业锚是很困难的。同时，他也认为，一个人的职业锚是不断变化的，也可以说，一个人的职业锚是一个不断探索、动态的发展过程。

(二)职业锚的类型

施恩经过多年的研究，总结出了五种职业锚类型：

第一，技术／职能型职业锚。技术型职业锚类型，施恩也把它称为功能型职业锚。具有这种职业锚类型的人，倾向于选择带有较强技术特点的职业，比如医生、教师、画家、设计人员、专业研究人员、专业技术人员、司机、机械维修人员等。他们往往不愿意选择那些带有一般管理性质的职业，比如一个公司部门的组长、小集体的负责人、小部门的管理者等带有一般管理性质的职位，他们希望能够选择既定的技术、专业等功能领域中不断发展的职业和方向。

第二，管理型职业锚。具有管理型职业锚的人，表现出希望成为管理人员的强烈愿望，他们希望在工作中支配、控制、影响、领导、管理他人，在工作中承担较高的责任及拥有较高的地位，具有这种类型职业锚的人，往往需要具备以下三个方面的能力：

1. 分析问题的能力

主要指在信息不完全，或者说信息不确定，问题还没有完全出现的情况下，一个人发现问题、分析问题、解决问题的能力。这里重点强调的是，在信息不全、信息不明晰的情况下，发现问题、分析问题和做出正确判断的能力。

2. 人际沟通能力

指一个人在各种层次、各个方面影响、协调，甚至是操纵、控制他人的能力。具有这种能力的人，有较强的整合能力，善于与他人打交道，善于影响、改变他人。

3. 情感控制能力

就是当一个人面对情感压力，面对冲突和纠纷，面对人际关系压力，能够比较好地控制自己的情绪和心理，能有效地解决问题，影响他人，而不是因为困扰和人际纠纷而沮丧，也就是说，具有这种能力的人可以承受较高的压力，在较强烈的情感压力下，也能有所作为，而不是面对情感压力时，变得惊慌失措，毫无头绪，无所作为。

第三，自主／独立型职业锚。施恩研究发现，一些人在职业生涯发展过程中，希望摆脱在组织或公司工作中依赖别人的境况，不愿受他人的控制和监督，不愿按部就班地出勤与工作。这些人的职业生涯发展特征和具有技术／职能型职业锚的人很相像，但是他们不像拥有技术／职能型职业锚的人那样，到某一个组织或公司中去追求职业的导向，而是更喜欢独立自主的工作，比如从事一些自由职业、做合伙人，或自己成立一家公司等。

第四，安全／稳定型职业锚。施恩研究发现，还有一部分人极为重视长期的职业稳定和工作保障。他们似乎比较愿意去从事能够提供保障的工作，有体面的收入以及可靠的未来。这种可靠的未来生活，通常是由良好的退休计划和较高的退休金来保证的。

对于那些对地域安全性更感兴趣的人来说，如果追求更为优越的职业，意味着将要在他们的生活中带来一种不稳定或保障较差的地域因素，这样一来，就会迫使他们举家搬迁到其他城市，那么对他们而言，会觉得在一个熟悉的环境中维持一种稳定的、有保障的职业更为重要。

对于另外一些追求安全型职业锚的人来说，安全则意味着所依托组织的安全性、职业的安全性等。他们可能优先选择到政府机关、国有单位或组织中工作，因为政府公务员或国有单位职工看起来还是一种终身性的职业。这些人显然更愿意让他们的雇佣者来决定他们去从事何种职业。

第五，创造型职业锚。施恩发现，具有创造型职业锚的人，往往在职业生涯发展的过程中，希望建立或创设某种完全属于自己的东西，比如一件印有他们名字的产品或工艺、一家属于他们自己的公司，或者体现成就的个人财富等。

施恩在研究中发现，一些具有较明显创造型职业锚的人，在社会上经过几年的发展，往往会成为企业家或商人。

（三）理解职业锚理论应注意的事项

职业锚理论在西方国家职业生涯发展研究方面影响广泛，由此理论指导的职业生涯发展测评问卷被广泛应用。职业锚问卷是一个人自我认知的工具，也是进行职业生涯发展规划咨询的工具。在理解职业锚理论时，应该注意以下几个方面的问题 ：

（1）对职业锚的认知，以一个人的工作经验为基础。一个人要比较清晰地了解和认知自己的职业锚，应该是进入职业岗位，工作了几年之后，有了一定的工作经验，才能够明确自己稳定的职业核心技能，也就是说，一个人的职业锚，不是取决于他的兴趣和爱好、潜在的才干和动机，而更多的是一个人在实际工作过程中所形成。

（2）职业锚主要是在一个人在职业生涯发展过程中，他的需要、动机、价值观、能力相互作用和逐步整合而形成的，不是通过各种理论和方法测试出来的，是一个人经过工作历练而慢慢形成的。

（3）一个人的职业锚是会发展变化的。职业锚是一个人稳定的核心技能、核心价值观，但这并不是说职业锚是固定不变的，职业锚会随着一个人职业的进一步发展，更好地适应一个人生命周期的变化，适应家庭周期的变化和社会周期的变化，也就是说，一个人的职业锚本身也可能变化，随着职业生涯发展的变化，他可能重新选定自己的职业锚。

第三节　霍兰德的职业兴趣理论

霍兰德一生专注于心理学和职业生涯发展研究，他在 1959 年提出了职业兴趣理论。这一理论指出，一个人的人格、兴趣与职业高度相关，兴趣爱好对一个人的职业生涯发展影响巨大，一个人从事自己喜欢且感兴趣的职业，工作的积极性就比较高，工作成效也会事半功倍。他认为，职业兴趣与人格之间存在很高的相关性。

一、人格类型

霍兰德根据自己长期的观察与研究，认为人格可分为社会型、企业型、常规型、现实型、研究型和艺术型六种类型。他从这六种类型的共同特征、性格解析视角出发，全面深入地剖析了一个人比较适合的典型职业和应该优先选择的专业定位。

（一）社会型

1. 社会型人格人群的共同特征

第一，喜欢、善于与人交往，善于表达，善于交流，喜欢引导别人。

第二，关心社会问题，关注社会道德，看重社会义务，渴望发挥社会作用。

第三，表现得比较热情、灵活、善良、耐心、慷慨大度，善于安慰他人，善于劝说别人，善于给予他人心理慰藉。

2. 社会型人格人群的职业倾向

第一，喜欢从事与人打交道的工作，并具备相应的工作能力。

第二，适合从事各种直接为他人服务的工作，如教育服务、生活服务等。

第三，主要职业方向，比如教师、社会工作者、社会科学专家、行政人员、心理咨询人员、管理人员、衣食住行服务行业工作人员、社会福利人员等。

（二）企业型

1. 企业型人格人群的共同特征

第一，喜欢追求权力、权威和物质财富，具有领导能力，适合当领导人。

第二，往往乐观、外向、自信，有野心，有抱负，喜欢竞争，敢冒风险。

第三，做人务实，习惯以权力、地位、金钱、利益得失等作为做事的价值判断标准，做事有比较强的目的性。

2. 企业型人格人群的职业倾向

第一，喜欢做管理、经营、监督和领导方面的工作，并具备相应的能力。

第二，适合从事各种管理经营方面的工作，如企业家、经理、管理者、商人等。

（三）常规型

1. 常规型人格人群的共同特征

第一，重视规章制度，尊重权威，愿意接受别人的指挥和领导，富有自我牺牲精神，愿意服从组织安排。

第二，喜欢按规章制度工作，遵规守纪，按计划办事，有条理，比较关注实际和细节，工作细心。

第三，比较谨慎和保守，缺乏创造性，缺乏竞争意识，不喜欢冒险和竞争。

2. 常规型人格人群的职业倾向

第一，喜欢要求注意细节、精确度、有条理的工作，并具备相应的能力。

第二，适合做程序性、流程性的职业，比如文件档案、图书资料、统计报表类等相关工作，具体如办公室人员、行政助理、秘书和文书、税务人员、统计人员、出纳、会计、记事员、打字员等。

（四）现实型

1. 现实型人格人群的共同特征

第一，动手能力强，动作协调性好，善于从事操作性工作，善于完成具体任务。

第二，做事比较保守，不善言辞，不善社交，喜欢独立做事。

第三，喜欢与机械、工具、动植物等具体事物打交道，喜欢对具体事物进行研究，比较注重实际工作。

2. 现实型人格人群的职业倾向

第一，喜欢从事与工具、机器、器材相关的操作技能方面的工作，比如工程技术、农业、各种机器设备操作方面的工作等。

第二，擅长做一些需要一定体力、操作方面的工作，比如技术人员、摄影师、机械装配工、机械操作工、维修人员、安装人员、水电气煤油等相关的机械类工作人员、厨师等。

（五）研究型

1. 研究型人格人群的共同特征

第一，抽象思维能力强，喜欢琢磨，求知欲强，擅长思考，但动手能力较弱。

第二，擅长独立和富有创造性的工作，学识渊博，严格认真，独立性强，但不善于协调沟通和领导他人。

2. 研究型人格人群的职业倾向

第一，善于做分析、抽象、独立的工作，并喜欢理论方面的工作。

第二，有思考研究能力和喜好，比较适合做社会科学或者自然科学研究方面的研究工作。

（六）艺术型

1. 艺术型人格人群的共同特征

第一，渴望表现个性，希望实现自身的价值，具有一定艺术性、独创性的才能。

第二，善于表达，个性与性格比较复杂，浪漫、感性、敏感，活力四射，精神饱满，富有想象力。

2. 艺术型人格人群的职业倾向

第一，内心活动比较丰富、敏感，富有想象力，但是往往在工作中缺乏实际性，比较适合于从事艺术创作和表演等方面的工作。

第二，对声音、语言、行为、颜色等方面敏感而具有想象力，但不善于具体事务性方面的工作，适合从事节目主持、文学创作、艺术评论、演员等职业。

二、人格类型的关系

霍兰德认为，大多数人的人格类型都可以划归到六种类型中的某一类型，然而人的人格类型是复杂的，上述的六种人格类型与职业关系也并非一一对应。

霍兰德在研究中发现，人的适应能力比较强，具备某种人格类型特点的人，在某种程度上又具备其他人格类型的特征，也就是说，一个人可能在擅长某一类型工作的同时，也能适应其他人格类型人擅长的工作，某些类型之间存在着较多的交错性、相关性。

为了更好地体现一个人的人格类型与他们擅长的工作，霍兰德将人格类型设计成一张简单的图。他把六种人格类型分别放在一个正六三角形的每一角，形象地展示出了一个人的人格职业类型，描述了六种人格职业类型之间的关系，即霍兰德六边形。

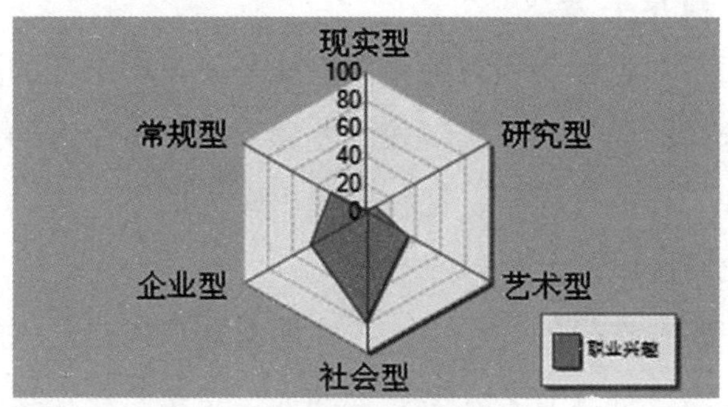

霍兰德六边形

从霍兰德六边形图可以看出，霍兰德认为人们并不是只有一种人格类型，比如一个人的人格类型主要是实际型，但是他的职业类型中，也往往还具有社会型和研究型等职业类型的特征。

霍兰德认为，一个人的人格类型越相似、相容性越强，那么一个人在选择职业时，他所感到的内心冲突和纠葛就会越少。

霍兰德所划分的六种人格类型，并不是并列的，也不存在特别清晰的边界，而是存在比较密切的关系。他认为，人的六种人格职业类型存在着以下三种关系：相近、中性、相斥。

（一）相近关系

相近关系，也称为相邻关系，指人格职业类型个体之间的共同点较多，比如现实型 R 与研究型 I 的人就都不太偏好人际交往，不太擅长与人沟通。

（二）中性关系

中性关系，也称为相隔关系，人格职业类型个体之间的共同点较相邻关系少，比如艺术型A、现实型R之间就是相隔关系。如果一个人在人格职业类型上属于艺术型A，在现实社会发展中，选择了现实型R的职业环境，就需要进行一定的适应，以更好地发展自己的职业生涯。

（三）相斥关系

相斥关系，也称为相对关系，也就是说，一个人的人格职业类型和自己选择的职业环境出现较大差异，亦即一个人的人格类型共同点少，在工作的过程中，往往表现出较大的不适应，对一个人的职业生涯发展造成较大影响。

人们在职业选择的过程中，往往愿意选择与自己兴趣类型相匹配的职业环境，如具有艺术型兴趣的人，总是希望在接近艺术型的职业环境中工作，就比较容易发挥一个人的潜能与潜质，工作起来就可能事半功倍，也能更好地成就一个人的职业生涯发展。当一个人因为社会原因，或者对自己定位不准确，选择的职业环境和自己的人格职业类型差异太大时，就可能陷入职业困惑与迷惑中，职业生涯发展可能就事倍功半。

但在现实环境中，做职业选择时，一个人不一定都能选择与自己兴趣完全对应的职业环境，一方面是因为人往往是多种兴趣类型的复合体，具有单一类型明显特征的人并不多，往往是几种类型胡组合；另一方面是因为影响职业选择的因素是多元的，往往不只是依职业兴趣类型而定，更多的还是要根据社会的职业需求，或者是根据得到职业的现实可能性而定。

因此，一个人在做具体的职业选择时，会不断地调整，如果选择了相邻类型的职业环境，需要不断调整自己，逐渐适应工作环境；

如果选择了相隔类型的职业环境，说明处在和自己兴趣爱好完全不同的职业环境，那么一个人的职业生涯发展就比较困难，工作过程中难以感受到愉悦和快乐，职业生涯发展成功就比较困难。

三、对职业兴趣理论的说明

霍兰德的职业兴趣理论，主要是从兴趣角度来研究一个人的职业发展。他明确地提出影响职业生涯发展的人格职业类型，使人们对职业生涯发展中兴趣的理解认识更加深刻，让人们对职业兴趣的认识有了质的飞跃。

1. 编制了职业兴趣量表

霍兰德根据自己长期进行职业指导的实践经验，把一个人职业兴趣的个体差异，与所处职业环境感受有机地结合起来，编制了自我导向搜寻表（Self-directed Search）和职业偏好量表（VocatIonal Preference lnventory），创造性地编制了两种符合实际的职业兴趣量表，并且通过自己的精心研究，努力为每一种职业兴趣，找出两种相匹配的职业能力。这种能力测试和兴趣测试的结合，极大地促进了职业咨询和职业指导工作，成为人们职业兴趣测评和职业指导普遍使用的工具。

2. 提出兴趣是描述人格的一种方法

霍兰德的职业兴趣理论认为，兴趣是描述人格的一种方法，是职业选择中一个非常重要的因素。在霍兰德的研究中，人格被看作是价值、技巧、信仰、需求、兴趣、态度和学习个性的综合体。

霍兰德认为，一个人在选择自己的职业时，和职业是否相匹配，兴趣是最为重要的因素。

3. 在人员的实际招聘中影响深远

现代人力资源管理招聘员工的基本原则，就是将合适的人放在合适的岗位上，也就是我们经常说的“适人适位”“适才适岗”。员工与职位相适应、相匹配，主要包括两个方面：一是知识、技能与职业岗位的要求相匹配，二是性格、兴趣与职业岗位相匹配。

在人员的实际招聘过程中，为了更好地找到适合的员工，有必要对应聘人员进行职业兴趣测评，了解应聘人员的职业兴趣人格类型，通过测评来招聘职业环境要求与职业兴趣类型相匹配的员工，选择合适的员工。

4. 提出了职业兴趣的重大影响

霍兰德认为，职业兴趣是一种强大的精神力量，是职业选择中最重要的因素，是职业满意与否的关键因素，也是一个人职业生涯发展成功与否最为核心的影响因素。运用霍兰德编制的职业偏好量表和自我导向搜寻表对职业兴趣进行测评，可以帮助一个人明确自己的职业兴趣类型，认识到自己最适合的职业生涯发展类型。在职业选择的过程中，一个人选择比较适合自己的职业生涯发展类型，就可以促进他对职业的满意程度，提升他的职业发展动力，助力他取得职业生涯发展成功。

5. 霍兰德的职业兴趣理论意义重大

霍兰德的职业兴趣理论，给人们的职业生涯发展指出了一条独特的路径。他把个人特质和适合这种特质的工作环境结合起来，巧妙地拉近了自我与工作世界的距离。

霍兰德的职业兴趣理论，为人们提供了与个人兴趣有关联的职业类型，帮助人们更好、更准确地选择职业生涯发展，帮助人们从迷惑中找到实现自我、展现自我的方向，对人们职业生涯的选择与发展具有比较强的指导性。

第四节　其他职业生涯理论

一、金斯伯格的职业生涯发展阶段理论

金斯伯格认为，一个人的职业生涯发展是分阶段进行的，可分为幻想、尝试和现实三个阶段。

（一）幻想阶段

金斯伯格认为，职业生涯发展的幻想阶段一般指一个人 11 岁以前的儿童时期。儿童对他们开始接触的职业充满好奇，幻想着自己长大后从事什么职业，并极力效仿成人的职业行为，但他们的效仿只是单纯的兴趣爱好，还没有考虑自身的条件、能力，以及可能有的机遇，完全是幻想。

（二）尝试阶段

金斯伯格认为，一个人职业生涯发展的尝试阶段为 11—17 岁，也是一个人从少年向青年过渡的时期。这一阶段，他认为又可以分为四个阶段：第一，兴趣阶段（11—12 岁）；第二，能力阶段（13—14 岁）；第三，价值观阶段（15—16 岁）；第四，综合阶段（17 岁左右）。这一阶段，一个人的知识和能力得到增长，开始逐渐形成自己的价值观，初步了解社会，结合自身条件和机遇考虑自己未来的职业，为未来的职业选择做出某些尝试。

（三）现实阶段

金斯伯格认为，17 岁以后到成年为现实阶段。他认为，这一阶段又可以分为三个子阶段：第一子阶段，是试探阶段；第二子阶段，

是具体化阶段；第三子阶段，是专业化阶段。这一阶段，一个人开始走向成熟，思考自己的人生如何更好地发展，能客观地将职业愿望和实现条件相结合，有了具体和现实的职业生涯发展目标，并着手进入职业生涯发展，从事职业并发展自己的职业技能，适应职业生活，实现职业生涯发展理想。

二、格林豪斯的职业生涯发展阶段理论

格林豪斯对职业生涯发展的研究，聚焦在一个人的不同年龄段所面临的主要任务上。

格林豪斯认为，一个人在成长的不同阶段，所面临的主要任务是不同的，可分为五个阶段：第一，职业生涯发展准备阶段；第二，进入组织阶段；第三，职业生涯发展初期阶段；第四，职业生涯发展中期阶段；第五，职业生涯发展后期阶段。

（一）职业生涯发展准备阶段

格林豪斯认为，一个人的职业生涯发展准备阶段，年龄在0—18岁。这一阶段的主要任务是培养职业兴趣，同时培养和发展职业想象力，重点是选择自己未来从事的职业，并且为未来的职业生涯发展做准备，接受必要的职业教育和培训，总之，开始思考未来的职业，并且为未来从事的职业做准备。

（二）进入组织阶段

格林豪斯认为，一个人进入组织阶段，年龄在18—25岁。这一阶段的主要任务是选择适合的工作，通过求职了解更多的职业信息，并获得较理想的工作。

（三）职业生涯发展初期阶段

格林豪斯认为，一个人的职业生涯发展初期阶段，年龄在25—40岁。这一阶段的主要任务是适应组织、适应工作、熟悉工作，并

通过不断努力，提高自己的工作能力。

（四）职业生涯发展中期阶段

格林豪斯认为，一个人的职业生涯发展中期阶段，年龄在40—55岁。这一阶段的主要任务是学习新知识，同时在已经从事的职业领域努力工作，力争在职业领域有所成就。与此同时，一个人可能在这一阶段，开始对早期的职业选择，以及此前的职业生涯发展过程，进行重新的认识与评估，反思自己的职业选择与职业生涯发展是否真正适合自己，甚至评估是否需要重新选择职业，对自己的职业生涯发展重新规划。

（五）职业生涯发展后期阶段

格林豪斯认为，一个人的职业生涯发展后期阶段，年龄为55岁到退休。这一阶段的主要任务是对抗衰老，维持工作的连续性，在工作中保持已有的成就，引导他人，做好从工作中退出的准备。

三、帕森斯的特质因素理论

（一）帕森斯的特质和因素

1909年，帕森斯在《选择一个职业》这本书中，提出人和职业相匹配是职业选择的焦点这样一种观点。他认为，每个人都有自己独特的人格模式，每一种人格模式都有对应的一些职业类型，在此基础上提出了特质因素理论，称人职匹配理论。

特质因素理论主要包含两个方面的内容：一是特质，一是因素。

帕森斯所说的特质，指一个人的人格特征，包括兴趣、人格、倾向、能力、价值观等，可以通过心理测量工具来加以测量。

帕森斯所说的因素，指在工作中要取得成功所必备的条件或资格，可以通过对工作的分析而了解。

（二）帕森斯特质因素理论的基本观点

（1）一个人选择和发展自己的职业，首先要认识自我、了解自我，明晰自己的优势与特质，明确自己职业选择与发展的主客观条件；其次是要了解社会职业类型、社会职业岗位，清楚这些职业岗位所需求的条件，在此认知的基础上，将自己的主客观条件与社会职业岗位相对照，在两者结合的基础上，选择一个比较适合自己的职业。

（2）特质因素理论认为，人格特性与职业因素应该相匹配。每个人都有特性，这些特性可以客观而有效地进行测量；每一种职业都有其特定的因素，不同职业需要具备不同特性的人员；选择职业是一个比较艰难的过程，在职业选择与发展中，做到人职匹配是可能的。一个人的特性与工作要求之间越匹配，职业生涯发展成功的可能性就越大。

（3）特质因素理论注重实践，强调通过职业指导者的测量与评价，了解被指导者的生理、心理特性，分析职业对人的特质要求，帮助被指导者进行比较，让被指导者清楚了解自己的特质与优势，清楚职业需求，在对比中做出明智的职业选择。

(4)特质因素理论认为,一个人做职业选择时应注意以下几点：

第一，被指导者应该准确了解自己的能力、兴趣、态度、优势、局限和其他特征。

第二，被指导者应该准确了解职业选择成功的条件，所需要的知识，在不同职业工作岗位所占有的优势、机会、不利、补偿和前途等。

第三，被指导者应该尽量做到上述两点的平衡。一个人应该清楚认识、了解自己的主观条件，同时准确了解社会职业岗位需求条件，在此基础上，将主客观条件与社会职业岗位（对自己有一定可能性的）相对照，选择一个适合自己的职业。

（5）特质因素理论认为，一个人在发展与成长方面存在差异，即特性。这种特性与某种职业因素之间存在相关性。人的特性又是可以运用科学手段客观地测量的，职业因素也是可以分析的，职业指导就是要解决人的特性与职业因素相适应的问题，达到一种合理的匹配，也就是在职业决策中实现人职匹配。

（三）帕森斯特质因素理论匹配类型

特质因素理论匹配类型有两种：

第一种，因素匹配，也就是职业与人匹配。例如，一个企业的机床操作工作，需要有专门技术和专业知识，就需要招聘一个掌握该操作技能和专业知识的择业者。再如，一个生产啤酒企业的搬运工岗位，需要吃苦耐劳且体格健壮、协调性好的劳动者，就需要招聘一个具备这些条件的劳动者。

第二种，是特性匹配，也就是人与工作匹配。例如，有这样一位大学毕业生，比较敏感，易动感情，个性强，具有理想主义色彩。按照特质因素理论，具有这类人格特性的人，比较适合从事自我情感表达要求高，或者是艺术创作类型的职业，那么在具体的应聘过程中，这位大学毕业生就应该朝着这些类型的职业或者岗位方向努力。

（四）帕森斯特质因素理论的应用

帕森斯认为，一个人做职业选择需要完成以下三个步骤：

第一步，评价求职者的生理和心理特点（特性）。通过心理测评及其他测评手段，获得有关求职者的能力倾向、身体状况、兴趣爱好、气质特征、性格特征等方面的资料，并通过调查、会谈等方法，尽可能多地获得求职者的工作经历、学业成绩、家庭背景等情况，并对这些资料进行综合评估。

第二步，分析各种职业对人的要求（因素），并向求职者提供有关的职业信息，包括：

（1）职业的性质、工资待遇、工作条件，以及晋升的可能性。

（2）求职的最低条件，比如身体素质、年龄、学历、所需的专业训练、各种能力以及其他心理特点的要求。

（3）为准备就业而设置的教育课程计划，以及提供这种训练的教育机构、入学资格、学习年限和费用等。

（4）就业机会，即社会提供的各种就业可能，以及一个择业者能被选择的可能性。

第三步，人职匹配。指导人员在了解求职者的特性和职业各项指标的基础上，帮助求职者进行比较分析，以便选择一种适合其个人特点又有可能得到并能在职业上取得成功的职业，即整合个人和工作领域的信息，这是特质因素理论的核心。

在职业指导过程中，帕森斯提出了职业设计的三要素模式：

其一，清楚地了解自己，包括兴趣、能力、性格、自身局限和其他特质等，以便做到特性匹配，即不同的人寻找适合自己的不同的职业。

其二，了解各种职业必备的条件及所需知识，在不同工作岗位上所占有的优势、机会、不足和欠缺，以便做到因素匹配，即要知道某类型的职业适合什么样的人。

其三，上述两者的平衡，即指导人员在了解求职者的特性和职业各项指标的基础上，帮助求职者进行比较分析，以便选择一种适合其个人特点的职业。

毫无疑问，特性因素理论可以在实际操作中解决职业生涯发展规划的问题。

（五）对帕森斯特质因素理论的评价

特质因素理论强调职业匹配的科学与理性，符合职业生涯发展的规律性，工作方法比较具体，便于学习和操作。特质因素理论也注重职业资料的重要性，强调个人必须对职业有正确的态度与认识，才能做出正确的职业选择。它所提出的对个人提供有关职业资料服务，的确能够增进职业指导的功能。

但是，特质因素理论过于静态，仅仅强调人和职业的匹配，而没有把人和职业看作是动态的发展。这在现代人力资源管理中其实是常见的情况，特别是在招聘过程中，有多少人力资源部门能够从简历背后看到一个人的潜质和能力，真正做到优势资源匹配，恐怕少之又少。即便是在当代互联网社会，仍然不可避免地出现大量“人找活，活找人”的现象。在职业匹配过程中，仅仅看到有这样的工作内容，需要一个什么样的人，或者说需要一个有什么特质的人。企业常常抱怨找不到合适的人，但是又有多少企业愿意动态地去看待人，不在乎成本收益培养人。

特质因素理论注重心理测试工具的使用，但心理测试工具本身存在信度与效度的问题。此外，它强调理性的适配，而忽略了情感在决策中的影响作用。

（六）帕森斯特质因素理论的意义

特质因素理论的核心是强调一个人所具有的特性，应该与他选择职业所需要的素质与技能相匹配。为了详细了解一个人的特性，应该经过科学的人才测评，这样就可以准确地认识一个人的特质，进而促进一个人选择和从事适应自己特质的职业。

正是帕森斯对特质与职业需求相一致的强调，人们才开始重视对人特性的测评。人才测评不仅可行，而且必要。事实也证明，特质因素理论推动了人才测评在职业选择与发展，以及职业生涯发展指导中的运用。

（七）与帕森斯特质因素理论关联的理论

特质因素理论强调特性，强调素质与技能相匹配。

特质因素理论是建立在人格特性理论基础之上的。要对特质因素理论有比较深刻的认识，就先要理解人格特性理论。所谓人格特性理论主要是关于人格的研究。此理论认为，人格可以分为若干特性，不同的人在同一特性方面的强度和水平是不同的。关于人格特性的划分，有着不同的理论，影响较大的主要有以下几种：

1. 阿尔波特人格论

美国著名人格心理学家和社会心理学家阿尔波特将人格特性分为坚持、外倾、支配、对自己能批评、自我扩张、自炫、利他、合群、对艺术的兴趣、对政治的兴趣、社会智力水平、对伦理的兴趣、对经济的兴趣、对宗教的兴趣等 14 项，并与人的生理、心理基础方面的 7 项特征合并成 21 项，制成心理图示评定量表，在量表的每一项都区分为 11 个等级并给出答案。

2. 卡特尔特性论

卡特尔发展了阿尔波特的理论，他将人格特性分为根源特性 (Sourcetraits) 与表面特性 (Surfacetraits)。根源特性是人格中相当稳定和持久的基本特性,包括稳定性、聪慧性、好强性、兴奋性、敢为性、乐群性、怀疑性、敏感性、有恒性、世故性、独立性、激进性、幻想性、自律性、忧虑性、紧张性等 16 项。根据一个人在这些项目上的不同水平，可以判断此人的人格特性总体状况。

择业者可以在了解自身特性和职业各项指标的基础上，进行比较分析，以便选择一种合适个人特点又有可能得到并能在职场中取得成功的职业。

从以上几种著名的职业生涯发展理论来看，不同学者划分的职业生涯发展阶段不尽相同，划分的阶段数、划分的年龄也各有差异，但是基本的规律一致，揭示了从兴趣到参与、从参与到熟练、再从熟练到衰退的过程。认识职业生涯发展规律，理解各阶段的特征，将有利于组织、引导、协调、完善职业生涯发展规划。

第三章　新时期青年的自我认知

自我认知，通俗地说，就是一个人对自己的认识和看法，是一个人对自己的生理、心理、爱好、特长、性格、价值观等方面的认识，也包括一个人对自己与周围环境关系的评价与认识，比如一个人对自己依存的家庭关系、亲缘关系、社会关系、社会环境、社会现实等方面的认知。一个人的自我认识，一般是在自己的成长过程中，和周围环境互动，尤其是通过和他人、社会的互动，逐渐形成对自己的认识与评价。自我认知从学术角度来说，包括自我概念、自我观察、自我感觉、自我分析和自我评价等。

青年时期，一个人在与他人和社会交往的过程中，对自己开始有了一个比较清晰的自我认知，反思自己，面对社会现实，对自我发展有了比较清晰的认识。从职业发展的角度来看，一个人在青年时期，开始走向社会面对职业生涯发展，形成适合自己职业生涯发展趋向的认识，我们也把它称为自我职业认知。

新时期，科技发展日新月异，社会联系日益紧密，社会环境急剧变化，对年轻人产生了重大影响。成长于新时期背景下的青年，对自己的职业生涯发展认知会有什么新特点，对自己的职业生涯发展会有什么新规划呢？笔者以新时期青年对自己认知为基础，力图通过比较详细的分析，比较客观地梳理出新时期青年对自己职业生涯发展的新设想与新规划。

第一节　新时期青年的自我认知

一、新时期青年自我认知的意义

随着经济、社会、科技的迅猛发展，新时期青年对自我认知的需求更加强烈。可以说，只有准确地认知自我，精确地定位自我，科学地发展自我，才能够使自己得到比较好的发展，也才能够比较好地有目的性地发展自我、完善自我。一个人如果不能正确地认知自我，不能在和外界互动的过程中准确地定位自己、评价自己，就可能使自己陷入虚幻世界不能自拔，走向失败的人生。因此，科学地认识自我，准确地定位自我，对一个人的成功，就显得意义重大。

（一）科学地认知自我，使自己更加成熟

科学地认知自我，是一个不断发展的过程，也是一个比较困难的过程。一个人只有对自己有了全方位的了解，并善于反思总结，准确地定位自己，在与他人、社会的互动中，明白自己的优劣势，才可能认知比较真实的自己，也才能使自己更加成熟。

科学地认知了自我，就要在职业生涯发展中，尽量发挥自己的优势，绕开职业生涯发展中的各种劣势，“以己之长，度人之短”，把自己的各种特长尽量展示出来，做到人无我有，人有我优，就能获得职业生涯发展成功。

张某是山西某高校的一名大三在校学生，主修体育教育专业，笔者对他进行未来职业选择访谈时，他谈到，他从小就是一个恐高的人，站在五层楼顶，只要稍微靠边一些，他就感到腿发软，头发蒙，头皮发紧，虽然自己经过了较长时间的锻炼，但还是无法消除恐高

心理。在谈到未来职业生涯发展规划时，笔者建议他尽量不要选择与高空作业有关的职业，比如飞行员、高空作业者、线路检测员等。笔者还建议他慎重入伍，因为在访谈中，他曾谈到，如果有机会想参军，锻炼自己，克服恐高心理。部队的一些训练项目，可能会涉及高空项目，并不能使其克服恐高心理，反而有可能会加重。一个人在选择职业时，最重要的是要学会取长补短，这样才能取得比较优势，更好地发展自己。

笔者在太原市的一个社区，对一名职业院校毕业生进行职业选择访谈时，他提到，发现自己有些色弱。笔者问他，为什么判断自己有些色弱呢？他说，他以前也从来不觉得，只是去考驾驶证体检时，发现自己对比较复杂的色彩检测一点都不敏感，勉强通过检测。鉴于此，笔者在和他探讨未来职业生涯发展方向时，建议他避开色弱难以胜任的一些职业，比如服装设计师、印染、电脑制图、艺术设计等职业。

总之，在认知自我的过程中，只有科学地认知自我，才能在职业选择中扬长避短，选择一个能发挥自己比较优势的职业。

认知自我的生理特征只是职业选择、职业发展的一个方面，更重要的一个方面是认知自我心理特征，尤其是自我的心理倾向、价值取向、定位目标等。一个人如果能精准地认知自我的心理优势与特征、价值取向与目标，那么就会选择比较符合自己优势的职业，在工作过程中，会因价值取向与职业比较吻合而事半功倍，正如著名中央电视台节目主持人白岩松所讲的那样，他自己因为非常认可做新闻节目，非常愿意做新闻节目，工作虽然苦、忙、累，有比较大的工作压力，但有价值认可的支撑，“痛，并快乐着”，取得职业生涯发展成功。

认知自我，非常重要的一方面是要理解自己的真实需求，自己到底想过一种什么样的生活，想明白了这个问题，那么我们在做职业选择时，就会少走弯路，朝着自己确定的方向发展，即使发展得慢一点，步伐小一点，只要方向是对的，就一定能取得职业生涯发展成功。正像著名作家三毛所说：“真正的快乐，不是狂喜，亦不是苦痛，在我很主观地来说，它是细水长流，碧海无波，在芸芸众生里，做一个普通人，享受生命一刹那间的喜悦，那么我们即使不死，也在天堂里了。”三毛的理念与乐趣一目了然，她就是希望避开尘世的喧嚣，远离世俗的纠葛，去做自己能做的事情，自己喜欢的事情，通过工作，让自己快乐起来，让身心安顿下来，也希望自己变得成熟起来。可以看出，了解真实的自己，做真实的自己，选择适合自己的职业，工作就是享受，能带来快乐和幸福，职业生涯发展就更容易成功。

（二）正确认知自我，使自己更加完美

人人都追求成功，追求完美，可以说，追求更好的自己是每个人内心最真实、最迫切的梦想。但是，金无足赤，人无完人，人人都有缺点和不足，这个世界上没有完美的人与事。如果一个人可以清醒地认识到自己不那么完美，理解了不完美才是人生的真实，那么一个人也就不用急于伪装自己；如果一个人认识到，自己并不伟大，这个世界上绝大多数人都是普通人，即使现在看来非常了不起的人，放在人类社会历史发展的长河中来看，绝大多数也是默默无闻的人，那么他就不会忙着去证明什么了；如果一个人能认识到一切都是过程，一切都终将过去，发展才是永恒，变化才是永恒，那么他就可以选择放弃自己的种种成见，不再纠结，不再迷茫，就不会在意那些微不足道的一些事；如果人人能了解自己的特长与优势，做最好的自己才是自己最需要的，那么他就不会在乎别人怎么看自己，走自己的路，让别人说去吧；如果一个人可以静下心来，

做自己喜欢的事情，那么对所有无关紧要的事就可以一笑而过。

总的来说，如果一个人能够比较清晰地了解自己，比较准确地定位自己，比较客观地评价自己，比较全面地规划自己的人生，能够将自己的优势发挥出来，避免劣势，补足短板，不人云亦云，就能够使自己更加完美。

在我国春秋时期，有一个非常漂亮的女子叫西施，有一天因为生病而蹙紧眉头，这一形象让她更显美丽动人。有一名女子叫东施，她见此情景，忙去效仿，也希望得到大家的认可，不想却被大家嘲笑。西施的美，不仅仅在外貌、衣装，更在于她内在的优雅与气质。她的举手投足，言谈举止，衣着打扮，都恰到好处，而东施对自己认知不足，不在贤惠尚德方面展现自己的内在之美，而处处效仿美貌与贤惠并存的西施，被人嘲笑也就不足为奇了。假如东施能正确地认识西施之美，不单是外表和衣着，更是内在修养和举止的浑然一体，自己有自己的优势和特长，能够正确地定位自己，而不是去简单地模仿西施，不断地完善自我、提升自我，发扬自己的优势和长处，也就不会成为千古笑谈。可以说，正确地认知自我，寻找一条适合自己发展的职业道路，才能使自己获得成功，变得完美。

（三）精准地认知自我，使自己更加成功

一个人要准确地认知自我，科学地定位自我，这样当机会出现时，就能展现自我，取得职业生涯发展成功。战国时期，有个人名叫毛遂，是平原君家中的一名食客。所谓食客，就是战国时期王公贵族家里为主人谋划、奔走的人。平原君家的食客很多，有一次，平原君打算挑选 20 名食客，准备让他们去说服楚国国王，希望楚国出兵，解救处在危难中的赵国。毛遂平时默默无闻，在众多的食客中并不出众，平原君开始并不打算选他，但毛遂平时关注时局和天下大势，长期的积累让他具备了一名远见卓识外交家的基础，他通

过分析局势，权衡利弊，准确分析出楚国的利益和赵国面临的危难，大胆自信地对平原君说："我愿意去，并且能胜任。"果不其然，通过精心准备，巧妙排布，毛遂以出色的辞令、严谨的思路，说服了犹豫中的楚王，赵国的危机得以化解，自己的才能也得到了认可，也成就了自己一生的威名，毛遂自荐成为千古流芳的一段佳话。自荐，是毛遂能够取得成功的重要一环，但他能取得成功，不单单是自荐的原因，更是因为他平时能客观地认知自我，发展完善自我。这样，才在关键时刻敢于自荐，争取机会，取得成功，成就辉煌人生。因此，准确地认知自我，发展和完善自我，关键时刻才可能准确把握形势，才可能赢得机会，机会是留给有准备的人的，促进自己走向成功。

二、新时期青年自我认知的内涵

实事求是地认知自我，客观准确地评价自我，科学合理地规划自己的人生，在一个人年轻的时候非常重要，可以说，这是一个人一生能否有所发展、有所成就的关键。那么，如何认知自我才算实事求是，如何评价自我才算客观准确，如何规划自己的人生才是科学合理呢？笔者认为，正确地自我认知，是指一个人对自己的看法和评判与自我的真实状况相符合、相一致，也就是自己的客观与自己的主观吻合，一个人对自己的认知和自己实际情况相一致。

正确地认知自我，包括两个方面的内容：

第一，是客观、准确、全面地评判自己的生理、心理实际，了解自己的特长、优势、兴趣、爱好，明白自己的缺点、不足和劣势。

第二，是正确认知自己家庭的实际，包括经济实力、社会关系等。同时，客观准确地评价自己所处的组织、自己和组织的关系、自己和社会的关系，毕竟，一个人的成长与发展，离不开家庭的支撑和组织的影响及社会的框定。

我们知道，万事万物都在发展变化，一切都只是一个过程，没有什么是永恒的，更不要说社会和一个人，更是时刻都在发展变化。随着时间的演化、社会的变迁、环境的转变，一个人的思想、观念、认识、自我都会发生变化。因此，一个人对自我的认知，也不能一成不变，要随着环境的变化、社会的发展、个人的成长，及时地更新、完善，改变对自我的认知，让自己对自己的看法与评判，能不断地随着实际情况的变化而变化，这样才能真正做到符合自己的实际和发展变化，才能客观地认知自我，不断地完善自我，使自己变得更完美、更优秀。

一个人如何才能做到比较客观、全面、准确地评判自我呢？笔者认为，从以下几个方面来发力：

首先，要客观地评判自我。要用客观的眼光来审视自己的生理特征，看待自己的变化，尤其是从自己的外貌、健康程度和自己所处的环境进行对比，和自己的所处的地域，组织中的同事、同学、朋友、同龄人等对比，从生理特征方面客观地认知自我。要用客观的眼光看待发展变化的自己，一个人在不停地发展变化，如今天不自律了，浪费了一天的时间和精力，反思改变，以后引以为戒，珍惜时间，有所作为。

其次，要全面地评判自我。就是要从各个方面全方位地认知自我，既要看到自己的优势和长处，不论是生理优势、心理优势，还是知识、技能优势，比如体力比较好、耐力比较强，适合从业一些体力工作；再比如心理优势比较强，比较冷静，善于应变，适合做一些应急方面的工作等，又要看到自己的欠缺和不足，比如语言表达能力比较差，人际交往能力比较弱，不太善于沟通和交流，就不太适合从事管理和营销方面的工作等。每个人都有自己的优势，又有自己的不足，金无足赤，人无完人，要尽可能发挥优势，避免不足，用全面的眼光评判自我，才能更好地认知自我。

最后，要辩证地评判自我。认知自我是一个探索、艰难的过程，要辩证地看待自己的生理特征、心理特征、知识、技能，“以己之长，度人之短”，拿自己的优势和别人进行竞争，这样就容易取得职业生涯发展成功。

三、新时期青年自我认知的途径

从一个人职业生涯发展的角度来看，自我认知的途径主要有以下几个方面：

（一）从生理上认知自我

一个人一般都是先从生理特征开始认知自我，在全面认同自己的生理特征后，才能形成较完整的自我认知，做出较全面的自我评估，形成较稳定的自我定位。比如，现在的年轻人，都非常在意自己的外在形象，通过与他人的对比，对自己的生理特征有一个比较适当的判断，对自己未来的发展就会有一个比较合理的预期。

（二）从心理上认知自我

每个人都有心理需求，对自我进行角色定位，遵从自己真实的心理，形成对自己真实的看法与认知。比如，一名青年一直想脱离自己生活的小地方，奔赴大都市工作与生活，明确了自我的心理需求，那么他就会朝着自己的目标奋勇前进，实现自我的心理需求。

（三）从别人的视角认知自我

一个人要客观地认知评估自我，明晰自我的心理需求，并对心理进行有意识的训练，把训练评估的核心放在自我能力评价上，自我认知的准确性就能得到较大的提高。

第一，从别人对自己的评价来认知自我。我们认知自我，一个非常重要的途径，就是通过别人对自己的评价视角来认知自我。比如，自己的外貌到底美不美、帅不帅不是自认为美就美，自认为帅就帅，这样认知可能自己也不会认同，我们的外貌到底如何，更多的是从别人对自己的评价中获得的。如果大多数人都认为你是一个漂亮的女孩或帅小伙，那么你也会认为自己的外貌确实是美或者帅的。再比如，我们在日常生活中和别人交往时，语言表达清晰，思路灵活，尤其是参加演讲比赛、辩论大赛等，或者长期和别人交流能说会道，人们就会普遍认为你能言善辩，都认为你的语言表达能力强，这样你就从别人对你的评判中得出，自己的语言表达能力比较强，适合做管理、营销、教学等方面的工作。从他人的角度，更好地认知自我，促进自己对未来职业生涯发展的认知。

第二，通过和别人比较认知自我。我们在认知自我的过程中，最常用也比较准确的方法，是通过和别人对比，来更好地认知自我。比如，在生理方面，个子高还是个子矮，跑得快还是跑得慢，长得美还是长得丑等，都是从和他人的对比中，才能得出结论，也就是从和别人的比较中来认知自我。

（四）从集体和社会地位中认知自我

人都是社会的人，一个人的发展和完善，离不开社会和集体。一个人认知自我，非常好的途径就是认识到自己在集体中的角色及自己在社会中的地位和作用。一个人要提高自我评价能力，就应学会把自己放在群体中进行比较，通过与群体中的他人进行比较，与社会认同的角色、观念进行比较，做出评估，像一个人照镜子一样，通过对比镜子中的自己，对自己有一个评估，就能比较准确地认知自我。同时，一个人还应学会借助自己在集体与社会中的角色来评估自我，学会用一分为二的观点、全面发展的观点来实事求是地评价自我。这样，通过社会与集体这两面镜子，一个人就能比较全面地认知自我。

四、新时期青年自我认知的方法

要准确地认知自我，就要从自我观察、自我体验中认知自我，也要从总结自己、反省自己中认知自我，更要从与他人的互动交流、他人的评判中认知自我。

第一，从自我观察、自我体验中认知自我。

一个人不注意观察自己，不注意自我体验，是不可能真正认知自我的。我们要从细节入手，对自己进行全面的观察和认知，观察生理特征，比如外貌、身高、体态、举止；观察行为和言谈，比如走姿，坐姿，说话的语速、语气等，从中认知自我、评判自我。我们还要注意从自我体验中了解自己、认知自我。比如，我们要从自己的工作、生活中，体验自己的体能、心理感受、内心的真实想法，从体验中感受自己、认知自我。

第二，从与他人的交流互动、他人的评价中来认知自我。

我们认知自我的另一个重要方法，就是与他人互动交流，在和别人的交流互动中，感知自己、认知自我。比如，两个人在中学的学习过程中成了好朋友，他们每天谈天说地，打闹嬉戏，交流互动，在交流互动中，更好地认知自我，彼此成长。

我们都是社会的人，会从别人的眼中、口中得到对自己的评价。一个人要更好地认知自我，就应该高度重视别人对自己的评价。我们经常说，“当局者迷，旁观者清”，从别人的评价中，我们往往能更好地认知自我。

第三，通过总结经验来认知自我。一个人从呱呱坠地，到逐渐成长，就是在不断地总结经验、发展改变、认知自我的过程中完成的。中国有句古语，“吾日三省吾身”，一个人就是在不断反省、总结中发展，也是在不断总结、反省中认知自我的。要做好自我分析，通过总结自己过去的经历，对自己的知识、个性、能力、特长等形成正确的认识；通过总结过去他人和社会对自己的评判，对自己的各个方面进行分析研判，选择最适合自己的职业。全面总结分析自我，同时考虑社会对自我的普遍评价，全面认知自我。

第二节　新时期青年自我认知的特征

一、新时期青年自我认知的原则

青年的自我认知，是一个渐进的过程，是在不断自我观察、自我分析的基础上，不断从他人的视角和评判中分析自我，并对自我生理特征、心理特征、价值理念等方面进行全面评估的基础上得出的结论。新时期青年接触信息广泛，获取信息的渠道繁多，如果愿意，新时期青年可以非常便捷地对自我认知的各种信息进行有效的收集，并对收集的各种信息进行梳理分析。新时期青年要正确地自我认知与自我评价，应把握以下原则：

（一）准确性

准确性，就是一个人对自己形成实事求是的认知。新时期青年应该从自己的实际出发，精准地认知自我、分析自我、评价自我，不要过高地估计自己的知识、技能与各种社会角色需要，也要避免过低地评判自己的素养、学识、能力与社会角色认可，以免做职业生涯发展规划时出现对自己不切实际的评估，或者将自己的职业生涯发展目标定得过低，给自己的职业生涯发展带来不必要的损失，也就是说，所谓准确性，就是在认知自我时，不要过高评估自己，也不要过低评估自己，而要适当，一是一，二是二，要尽可能地客观、准确、适度。

（二）客观性

客观地认识自我，就是要实事求是地分析自我，从所处的社会环境、生活环境、家庭环境、组织环境等方面出发，精准定位自我。一个人在认知自我的过程中，应尽可能地克服个人主观因素的干扰与影响，尽可能地运用已经被证明是科学的、有用的方法与手段，全面地分析和看待自己，树立科学的参照系统，从自己的实际出发，努力让自我评价趋于真实、客观，能实事求是地分析自我、评估自我。

（三）全面性

人人都有优势和不足，全面地认知自我，就是既要看到自己的优势和亮点，也应该看到自己的欠缺和不足，对自己各方面的素质进行综合评估；既要考虑一个人整体的素质与能力，又要考虑这些能力与素质中，哪些是占主导地位的能力与素质。一句话，就是要比较全面地从整体上认知自我。

（四）发展性

认知自我是一个渐进的过程，不可能一蹴而就，仅仅通过一次分析和评判就能认知自我是不可能的，因为自身也是在不断地发展变化中，要用发展变化的眼光来看待自我，毕竟，世界是发展变化的，一切都是一个过程，没有什么是永恒的，没有什么是一成不变的，假如非要找一个，那应该是永恒发展变化。世界是这样，一个人更是如此。一个人从呱呱坠地，到蹒跚学步，到茁壮成长，再到壮年、中年、老年，时间如白驹过隙，发展变化很快。一个人的一天，从早到晚，不管是生理，还是心理，都在剧烈变化中，可以说，人时刻都处在发展变化中，那么在认识自我、评价自我的时候，就应该随着发展变化，用发展变化的视角来看待自我、分析自我，用动态的视域、发展的眼光，把自己放在发展过程中来认知，自我也才会在不断发展变化中，趋向更好的发展，这是认知自我的根本目的所在。因此，要以发展的眼光、变化的理念来看待自我，认知自我。

二、影响新时期青年自我认知的因素

（一）年龄因素

年龄是一个人认知自我、评估自我极为重要的影响因素。研究表明，一个人的认知、评价、发展自我，与一个人的年龄增长具有非常明显的关联性。一个人在少年、青年、中年、老年等不同阶段，对自我的认知有较大的波动，可以说，年龄因素影响着一个人的自我认知。年龄不同，一个人对自我的认知就会产生一定的差异。

一个人应该在不同的年龄阶段，做自己应该做的事。一个人一生的每一个阶段，都有一些重要事情要做，也有一些责任要承担，任务要完成，而不该颠倒主次，错位、越位，否则就会对自己的职业生涯发展与生活造成比较大的影响。比如，一个青年如果在自己成长的关键时期，高中和大学时期，不能全力以赴聚焦在自己的学业和能力构建上，而把时间与精力过多地投入爱情与娱乐生活中，就可能对自己一生的职业生涯发展产生极为不利的影响，甚至难以取得比较好的职业生涯发展。所以说，一个人在每一个年龄段，都应该重点聚焦这个年龄段应该做的事情，也才能比较好地认知自我、发展自我。

（二）教育水平

一个人的自我认知、自我评估，与一个人接受教育的水平与程度密不可分。现在，我国已经普及了九年义务教育，新时期青年接受高等教育的机会也非常多，可以说，高等教育已经进入大众化发展阶段，受教育程度普遍比较高，新时期青年的眼界比较开阔，观念比较新颖，思维比较缜密，对自我认知、自我评估就比较客观一些，中肯一些。可以说，一个人的发展，与受教育水平密切相关。

（三）家庭因素

一个人的家庭氛围、家庭环境，尤其是家庭主要成员的职业生涯发展，对一个人的自我职业认知影响非常大。不单单是一个人的职业认知，对一个人的自我认知而言，他（她）所生活的家庭氛围与环境，对自我认知的影响也非常巨大。

比如，在一个和谐、融洽的家庭环境中，孩子能畅所欲言，自由地成长，那么这个孩子的自我认知一般而言就比较自信，性格相对而言也比较活泼，自我认知定位比较恰当，不容易走极端。又比如，在一个相对而言比较压抑的家庭氛围与环境中成长起来的孩子，就不太自信，性格孤僻，自我认知、自我判断就容易出现较大偏差。再比如，一个生活在比较恶劣家庭环境中的孩子，长期遭受暴力，就极度缺乏安全感，心情就比较压抑，不自信，自我认知与自我判断就容易出现较大的偏差，甚至到一定年龄，长期的压抑情绪突然爆发，可能走向极端。

因此，一个人成长的家庭环境、家庭氛围，尤其是家庭成员的职业生涯发展，对一个人未来的自我认知、职业认知都有比较大的影响，也成为一个人分析自我、剖析自我非常重要的一个方面。我们经常说，原生家庭影响一个人一辈子的认知，一个人一辈子都在与自己成长的原生家庭做对比来更好地认知自我。

当然，家庭因素只是影响自我认知的因素之一，并不是说家庭因素的影响一定会在自我认知方面产生问题，影响一个人自我认知的因素是复杂的，受多种因素的多重影响，尤其还和一个人的内心感悟密切相关。

（四）社会因素

一个人对职业的认知，与他（她）生活与成长的社会环境密不可分。一个社会的发展水平，尤其是经济发展水平、科技进步程度、政治氛围、社会价值理念、社会文化传统、社会风气、社会思潮等，会对一个人的自我认知产生影响，也会对职业认知产生比较大的影响。

这其中，社会的经济发展水平深刻地影响着社会发展的各个方面，也深刻地影响着一个人的思维与观念，对一个人的自我认知、自我评价具有明显的影响；科技发展水平也对一个人的自我认知产生深刻影响，科技深刻影响并左右着人们的生产方式、生活方式，对一个人的科技意识、科技理念影响巨大，也影响一个人的自我认知和自我评价；文化传统、价值理念，决定着一个人的价值认同，影响着一个人对外在客观世界的评价，也影响一个人的自我评价与自我认知。总而言之，社会因素对一个人的自我认知影响巨大。

（五）认知发展水平

一个人的自我认知、自我评估，与一个人认识世界、理解世界，认识社会、理解社会，认知环境、理解环境，以及一个人的认知能力、认知水平密切相关。一个人的认知能力、认知发展水平，影响一个人的自我发展，可以说，一个人的素质与素养，对外在世界的认知水平、对一个人的自我认知影响巨大。一个人的认知发展水平，影响他（她）对世界、社会、人生等方面的认识，也直接影响一个人的自我认知。

三、新时期青年自我认知的特征

青年时期是一个人发展的关键时期，也是一个人发展变化最剧烈的时期，更是一个人一生成长过程中困惑最多的时期，我们往往把一个人这一阶段的发展称为一生发展的关键期、一生发展的决定期。当然，也是一个人一生最美、最绚丽的时期。这一时期青年的自我认知发展呈现出以下特点：

（一）高度关注自己的外在形象

青年时期，一个人高度关注的往往是自己的外在形象、外貌特征，以及自己的仪表，他们渴望了解自己的体貌，在意自己的外貌特征，重点往往会放在如自己的身高、体态、胖瘦、外貌上，在和别人的交往过程中，非常重视自己的品位。这一时期的青年，喜欢照镜子，从镜子中观察自己的外貌、体态，非常在意自己的外貌和体态，特别在意他人对自己外貌、体态等方面的反应，特别在意别人对自己打扮的评判，当他人对自己的外在形象、外在表现有比较好的评判时，表现出强烈的自豪感和自我欣赏的满足感。同时，对自认为令人满意的外貌形象，会产生比较严重的焦虑感。

笔者在访谈中遇到这样一名男青年，他对自己的身高不满意，认为自己的身高过低，因而非常在意别人对身高的评判，甚至别人无意中对身高的议论，都可能对他的情绪产生影响，对身高显得比较敏感。在访谈中，笔者还遇到这样一位青年学生，他对自己的头发不自信，认为自己的头发发黄、稀少，因此特别在意自己的发型，去烫发、染发，甚至产生种发的冲动。在和笔者的交流过程中，他还和笔者探讨交流了种发的利弊，可以感知到他特别在意别人对自己头发的评价，对别人可能不经意的各种评价，往往会产生过度反应。还有一些青年人确实在身体方面有一点不足，在年轻时更容易放大，使人产生焦虑感。

（二）高度关注自己的性格特征

青年时期，一个人的性格开始成型并逐步丰富起来，形成有别于他人的、独特的性格特征和个性魅力，可以说，青年时期是形成自我独特性格的关键时期，也是一个人自我认知的重要内容。在这一时期，青年开始高度关注自己的性格特征，对他人对自己性格特征方面的评价非常在意，也开始认认真真地对待他人的评价，在不断地与他人的交往比较中，改变自己的一些性格特征，完善自己的性格特征。比如，一个青年，在和他人的接触中，如果他人对他的性格特征认可、认同，甚至赞美，那么就会表现出比较愉悦的心情，感到自豪与欣慰，自信心、自豪感油然而生；如果他人的评价对他不那么认可，就会感到沮丧、不安，甚至颓废，自我认知和评价就会降低，表现出不愉快、不自信的神态。在这一时期，青年对来自外在的评价，尤其是对师长们关于他性格方面的评价特别在意，一些不经意的评价，可能在他心中会产生轩然大波。这一时期可以说是青年最注重自己性格特征的敏感期。

（三）高度关注自己的心理感受

随着改革开放，我国的经济社会取得了长足的发展，人民的物质生活水平得到了较大提高，精神面貌焕然一新，国民教育和文化水平也有很大提升。尤其是党的十八大以来，在以习近平同志为核心的党中央坚强领导下，我国全面建成小康社会，开始进入全面建设社会主义现代化强国的新时代，国家和社会面貌焕然一新。

现在的青年人，讲究服饰仪表的多了，蓬头垢面、衣衫褴褛的几乎没有了；互相谦让的多了，打架骂街的少了；爱护公共卫生的多了，随地吐痰乱扔垃圾的少了……我们的国民，尤其是青年人，确实一代比一代更有素养，更加文明进步，但在物质文明、精神文明提高的同时，心理健康却不尽如人意。随着经济、社会、科技水平的发展，人们越来越重视心理健康问题，对青年群体的心理健康关注度也高了。有数据显示，我国青年有心理问题的约占青年总人数的20%，心理问题比较严重的约占青年总人数的3%。因为青年人心理发展处于不成熟阶段，他们的心理健康问题就显得更为突出。

新时期青年的心理健康问题需要社会更多的关注。笔者收集到这样一个案例，事发广州，某大学一名入学才 6 天的大学生，因饭菜不合口味，适应不了集体生活，跳楼身亡。在常人看来，就这么一点小事，竟然演化成如此严重的悲剧结果，从中可以看出现在年轻人心理出现的一些问题与偏差。

北京某高校一名硕士研究生，毕业前夕因找不到合适的工作，认为自己没钱，更不要说买房，成家立业了，凌晨出走，自杀身亡……一个名牌大学的优秀学子，一个寒窗十年的莘莘学子，一个全家人，甚至全村人的榜样与骄傲，就这样陨落了，让人多么心疼与悲痛。在访谈调查中，笔者遇到山西高校的一名学生，因为从小家庭条件比较好，生活比较优越，入学后住不惯学校的集体宿舍，和室友关系非常紧张，发生了不少冲突，不愿意继续上学，两次休学，难以完成学业。

比这些更为严重的是青年犯罪，特别是大学生暴力犯罪近年来被频频爆出。笔者在山西一所高职院校调查时，遇到这样一件事情，两名男生在宿舍因为一些琐事发生了一点冲突，就各自找自己的好友，甚至一些狐朋狗友，在学院门口约架，冲动之下，造成一方受伤。经鉴定，为重伤，成为刑事案件。两个学生的一生将受到较大影响，甚至会毁掉自己的一生，两个家庭从此也蒙上了阴影。某医学院学生薛某持刀伤人，造成受害人 2 死、5 伤。这些都足以说明，青年人的心理健康问题必须高度关注，在加大法律打击的同时，还要运用心理学的方法，对青年人的心理问题进行疏导，引导他们正确面对社会与生活。

（四）高度关注自己的友谊爱情

青年人交朋友，范围广泛，他们崇尚至真至纯的朋友关系，喜欢向朋友推心置腹倾吐心声。他们在小学、中学总有三五知己，彼此容纳，互相担待，即使有点矛盾也不计较。上大学后，住集体宿舍，学习竞争激烈，人际关系不再单纯，矛盾一下子多了起来，且一旦产生很难在短时间内解决，甚至因对立而陌生化。因此，不少大学生慨叹，人虽然挨得很近，心却离得很远，每每扪心自问："我怎么一下连朋友都没有了呢！"

在大学校园里，学生谈恋爱已相当普遍，男女生成双入对，人们已见怪不怪了。特别是我国教育法规定了在校大学生结婚的合法性，在校大学生结婚生娃的消息屡见报端、网络，谈恋爱就更是司空见惯了。有的大学生把没有对象看成是没有个人魅力，甚至把一人同时有几个追求对象看成是个人能力强的表现。大学生仍处在重要的学习阶段，谈恋爱应以不影响学业为度，最好将这种两性之间互相爱慕的热情上升为学习的动力。至少也要顾及别人的眼球，不在公共场合秀恩爱，无伤大雅，不违道德。就连以浪漫出名的法国人都认为，"私下的事应该私下去做"，何况一向矜持、内敛的中国人呢？

青年时期，对友情、爱情的高度关注，极为深刻地影响着青年人的成长与成才，形成科学的友情观、爱情观，年轻人就能健康地生活与成长，否则就有可能走错路、走弯路，浪费大好的青春年华。

（五）高度关注自己的家庭与社会关系

一个人在青年时期，对自己的家庭与社会关系高度敏感。在与社会的交往过程中，不断地对比自己的家庭、社会关系与他人的家庭、社会关系状况，对自己家庭的财富、社会地位、家庭和睦程度、家庭幸福程度等家庭因素不停地对比，同时也不断地比较自己的社会关系与他人的社会关系。当一个人在与人交往的过程中，感受到自己家庭的优越时，就会产生一定的优越感，体会到一定的幸福，就会产生自我良好的评价与认知；当一个人在与他人交往的过程中，对比自己的家庭状况产生不足时，就会产生比较明显的心理震荡，可能产出更强的奋斗精神，也可能产生怨天尤人的思想，产生出不良的心理倾向。对社会关系的比较也可能产生同样的现象。

笔者在调查中，遇到这样一名大学生，由于来自农村，爸爸长年生卧病在床，还有一个弟弟、一个妹妹正上中学，家里主要靠母亲操劳，勉强支撑一家人的生活。这名学生来到大城市上大学，靠的是国家“绿色通道”贷款。在大学的生活中，这名学生感到压力比较大，郁郁寡欢，对自己的家庭和社会关系特别敏感，老师和同学的无意之举，他都认为是针对自己。这名学生需要老师的特别关注与辅导，若长此以往，就可能产生一些心理疾患。

（六）高度的敏感性与强烈的自尊心

在一个人的青年时期，有高度的敏感性和强烈的自尊心。当一个人在社会生活或者学习工作中，取得了成就，得到社会、组织、他人的认可后，内心深处会产生强烈的满足感，他们往往会被激发出更积极的表现，朝着更加积极、上进、健康的方向发展；当他们在社会生活或学习工作中出现一些问题，甚至受到社会、组织、他人的打击时，内心深处比较容易产生强烈的挫折感，表现出强烈的失落与消极状态。这一时期，青年人为了满足自己的自尊心，得到他人的认可与认同，往往会从自己的社会角色出发，从自己的视角来评判，懂得在不同场合自己应该扮演不同的社会角色，应该做不同的工作，完成不同的任务，应该承担不同的责任，期望得到别人的认同与认可。

四、新时期青年自我认知的成因

（一）社会转型发展的大背景造成了自我认知的特殊性

中国正处于发展的转折期，中国特色社会主义初级阶段发展的现实特征，给新时期青年的自我认知打上了深深的时代烙印。比如，由于我国教育资源不足，在青年教育方面造成了青年人升学压力大，升学竞争形势严峻，从小就加入了为升学而竞争的千军万马之中，而升学竞争形势严峻的原因，主要是我国经济与社会发展的不平衡、不充分，而教育资源的不平衡、不充分很大程度上是因为教育投入的不足。多年来，我国教育投入占国民生产总值的 2.6%左右，低于世界平均 4.5%的比例。实际上，1996 年《中华人民共和国教育法》依据联合国标准，规定全国教育投入不得低于国民生产总值的6%。然而，尽管当时我国经济的平均增长率为 10% 左右，但国家对教育投入的增长率却始终在 2% 左右徘徊，使我国在教育与民生领域出现发展的失衡与短板。党的十八大之后，发展进入新时代，我国的教育投入有了较大幅度的提升，逐步达到占国内生产总值的 4%左右。我们相信，随着中国经济的发展，国家经济实力的增强，我国的教育经费将会进一步增加，上学难、学费贵等问题也将随之逐步得到解决或缓解。社会转型期的大环境，对青年人的自我认知产生明显的影响，极大地左右着新时期青年的价值理念。

（二）社会发展的多元化造成了青年自我认知的多样性

随着科学技术的迅猛发展，尤其是网络传媒的全面嵌入生活，各种思想观念广泛传播，尤其是世界大融合、大发展的今天，新时期青年或多或少都会受到各种形形色色的思想、主义的影响，如果没有正确的疏导，就可能出现信仰问题，比如多种信仰、信仰宗教、迷信封建思想等，表现为信仰的多样化。在一些地方和思想层面，由于青年人引导不及时、不到位，导致一些青年的思想信仰出现问题，继而认知也出现问题。

（三）青年成才的特定阶段造成自我认知问题的突现性

青年时期，仍处在个体发展的不成熟阶段，思想和行为上的不确定因素仍然很多，这必然导致青年自我认知问题比较突出，再加上青年人已经开始进入社会，现实需要自主自立，而实际能力又有限，这也导致青年自我认知问题的集中出现。随着青年人对社会适应力的提高，一些问题将会逐渐被克服和解决。比如，一些青年人在学校期间学习不认真，工作后认识到学习的必要性，又开始自觉努力学习，这表明他们学习意识的成熟。又比如，青年就业困难虽然与我国劳动力失业率总体升高有关，但总体失业率又低于青年失业率，因此在这样一个发展的特殊阶段，应该引导青年更好地认知职业，更顺畅地就业。

以上几个方面是新时期青年自我认知现状的主要成因，当然影响认知的原因是多方面的，也是复杂的，同时也是不断发展变化的，我们应该全面地理解青年的自我认知。

第四章　新时期青年的职业认知

第一节　新时期职业分类简介

一、职业认知

（一）职业

我们成年人大多数都在从事职业工作，几乎每天都在和不同职业的人打交道，但如果让我们给职业做一个明确的界定，即到底什么是职业，或者说给职业下一个定义，却并不那么容易。所谓职业，简单来说，就是指一个人参与社会分工，利用自己的体力、体能，或者专门的知识和技能，为社会创造物质财富和精神财富，获取相应报酬的活动。这一过程和活动，是一个人获得物质生活的基础，也是满足一个人精神需求的活动。

职业一般包括以下几方面的主要内容：

第一,职业与人们的生活需求和社会需求相关联,强调社会分工。

第二，职业有比较明显的内在属性，强调从事职业活动需要利用一个人的体力、脑力、专门的知识和技能等。

第三，职业与社会生产相关联，强调要为社会，或者是他人创造物质财富和精神财富，并获得合理报酬。

第四，职业与个人生活相关联，强调是个人物质生活的来源，并能满足人们的精神生活需要。

职业具有以下几方面的特征：

第一，目的性。职业活动往往以个人获得物质财富和精神回报为主要目的，表现为现金或实物回报，以及精神满足等。

第二，规范性。职业活动必须符合国家法律法规的规定，也必须符合社会道德规范和社会公序良俗的要求。

第三，社会性。职业是一个人在一定的社会生活环境中，进行的一种与他人密切相关、相互关联、相互影响、相互服务的社会活动。

第四，群体性。职业往往应该具有一定的从业人数。

（二）职业相关概念

职位，是一个人和一系列具体任务直接相关的组合。因此，职位和参与工作的个人相对应，有多少参与工作的个人，就应该有多少个职位。例如，小张是某俱乐部足球队的前锋，王某是山西某市中学的一名班主任老师，这里所说的足球前锋、班主任就是一个职业的职位。

工作，是由一系列相似的职位所组成的一个特定的专业领域。例如，在一所学校，不仅有教学工作，还有后勤工作、行政工作、教辅工作等；企业有营销工作、生产工作、监管工作等。

职业，是在不同的环境中一系列相似的工作或任务组成的工作。具体而言，就是指人们在参与社会分工，利用自己的体力、体能，或者专门的知识和技能，为社会创造物质财富和精神财富，获取相应报酬的活动。例如，教师，虽然在不同的地域、不同的单位、不同的环境，但从事着相类似的工作和进行着相类似的活动，我们称为教师职业。比如，医生、厨师、运动员、职业经理人、警察、法官等，都有类似的特征，都是一种职业。

职业生涯，指一个人的职业发展过程。对职业生涯的界定，有着一个比较长期的认知过程，随着时间的推移发生过不少变化。20

世纪 70 年代，职业生涯主要是指与一个人生活和工作相关的各个方面。随着人们的重视和认知的深化，一些新的内容被赋予到职业生涯的概念中，这些内容包含了一个人的经济生活，以及关于个体和集体、个体和社会的关系等。目前，人们普遍认为，职业生涯就是一个人在一生中所经历的一系列职位和角色。这些职位和角色，和一个人接受的培训教育，以及职业发展的结果高度相关。

（三）职业选择

职业选择是指一个人对自己的职业种类、职业方向等方面的选择与确定。它是人们真正进入社会生活领域的重要行为，是人生的关键环节。

通过职业选择，能更好地实现人和职业岗位的合理匹配，能更好地促进一个人进入职业岗位，也能促进社会生产和社会良性发展，有利于社会与个人取得经济利益、社会效益等，实现多方面共赢，推动社会的进步，促进人的全面发展。

一个人的职业选择没有好坏之分，也没有高低贵贱之分，我们应该树立正确的职业观。

一个人的职业选择过程一般分为以下几步：

1. 探索

一个人根据自己的认知、常识、经验和能力，收集各种感兴趣的职业信息,并对各种信息进行有效的辨别,形成对职业的初步认知。

2. 成形

在上述基础上进行研究分析，确定具体的方向，主要聚集在职业生涯发展方向、职业价值取向、职业生涯发展目标、职业能够获得的报偿、自己的知识和兴趣、自己的能力和技能等主客观因素。

3. 选择

在充分认知的基础上，通过综合分析、梳理、研判，初步选择和确定职业生涯发展目标，并开始为实现自己的职业生涯发展，着手进行一定的教育培训。

4. 澄清

在前期初步选择的基础上，从多方面自我质疑、对比分析中，最终确定适合自己的具体的职业生涯发展目标。

5. 就职

确定了自己的职业生涯发展目标后，通过努力走上具体的工作岗位，开始职业生涯。

6. 矫正或坚定

这包含有两个层次的内容：一个是假如初步选择的职业生涯发展目标部分不适合自己，或者是完全不适合自己，那就要根据情况适时地部分调整，或者重新选择更合适的职业生涯发展目标；另一个是假如初步确定的职业生涯发展目标适合自己，那就应该持之以恒地发展下去，努力工作，争取职业生涯发展成功。

7. 提高或总结

适合自己也好，不适合自己也好，在工作过程中都应该不断地自我总结，积累自己的职业智慧，精彩自己的职业生涯发展，丰富自己的人生。

可能有一些人会说，自己希望获得的目标太多，或者自己希望选择的职业太多，这就需要静下心来，梳理自己的各种需求和理想，遵从自己内心的召唤，从自己最喜欢、最重要、最擅长、最想要的角度出发，将这些希望达到的目标或者希望选择的职业，依次按自己看重的程度顺序排列好，然后根据自己的现实和能力，结合自己的依托和环境，选择所列目标最前面的 1—6 项，一般都比较符合自己真实的感受，选择适合自己的职业的可能性就会大大提升，决策错误的可能性也就会大大降低。

（四）职业标准

1. 职业标准确立的原则

职业标准在一个国家职业资格体系中，处于核心的位置，起指引、导向作用，它决定和影响着人们的职业教育、职业培训、鉴定考核、技能竞赛等职业活动，它对人们职业的选择变化，有着举足轻重的作用。一个统一的既符合企业发展目标，又适合劳动力市场目标的职业标准体系，对一个国家职业技能事业的发展，有至关重要的、决定性的影响和意义。

随着社会的发展变迁，人们越来越清晰地认识到，国家职业资格证书制度，能促进和发展社会的职业教育、职业培训、职业鉴定、职业考核、职业竞赛，以及职业表彰等活动的规范与完善，这实际上是一场以职业标准为导向的改革。从全世界的职业发展来看，标准导向的改革，正逐渐成为世界性职业教育改革与发展的共同选择，成为各国职业教育改革的共同行动纲领。

经过 40 多年的改革开放，我国进入发展迅猛的新时代，社会大发展与产业革命、科技进步交织互应。为了更好地适应这个快速发展的要求，我们需要加快改革开放的力度，人力资源更要先行发展，聚焦点正是职业标准体系的完善与发展。

我国现在实施的职业标准，虽然几经改革完善，但仍然有计划经济体制下，当时制定的技术等级标准的特征，还需要进一步深化改革，调整标准，规范等级，完善结构，适应新时代发展对职业的要求。

从动态上看，职业标准应该随着生产力的发展及科学技术的进步，做出相应的调整和变动；从结构上看，职业标准更多的是反映学科体系特征；从方法上看，职业标准通过知识体系的分类，完整地体现职业发展的过程，体现出职业发展的特性。职业标准的这些要求，一般都会根据产业、行业、职业和实际生产技术技能的发展变化，相应地做出调整和改变，以能更好地适应产业、行业、企业发展的需要，适应劳动力成长发展的需要。

现在，职业标准的制定，多采用工作分析法，也就是按照特定职业的工艺和设备的技术含量、职业活动范围的宽窄、职业工作责任的大小、职业工作质量的高低等方面，来确定从业人员的技能等级，而工作范围、工作责任、工作质量的确定，主要从职业所体现的社会功能来区分。从国家制定的职业标准视角来看，是直接体现和调控劳动者的技能，体现着劳动者能够完成职业工作任务的内容和质量。

正是从这种认知的视角，一些专家和学者提出，国家职业标准的制定，应当以职业活动为导向，以职业技能为核心，从这个大原则出发，运用职业功能分析法，按照专业化、模块化、层次化、国际化的方向，使国家标准成为以职业必备技能为基础，体现产业、行业、企业生产发展需要，体现现代科技发展成果，满足劳动者就业实际需要，具有开放性、动态性、灵活性的职业标准体系。

2. 职业标准体系层次化

职业标准体系层次化已经越来越被大众和学界所认可，成为一个国际通识和发展趋势。人们通过对职业进行分析，发现虽然现代社会的分工越来越细，出现的工作、工种、岗位越来越多，越来越新，变化也比较快，但是经过仔细分析，就会发现这些职业、工种、岗位和原来的一些职业、工种、岗位具有很多相似的特征，尤其是一些职业功能模块、职业技能模块、职业要求模块都具有较强的相通性，而且呈现出体系、层次化的特征。

对于一个具体的职业、工种、岗位而言，虽然时代发生了较大变化，科技有了较大进步，但是这些职业、工种、岗位又存在着一定数量的共同适用技能，我们可以把它称为职业、行业通用技能。

从更广泛的角度来看，职业标准呈现出比较明显的层次化。职业、工种、岗位的工作要求，工作技能，工作职责等都有从低到高的特点，具有普遍适用性的技能，也就是核心技能，但具有熟练程度、技能高低的区分。因此，国家在制定职业标准时，也要区分职业工作的高低、熟练等级，体现职业标准层次化，形成一个完整的科学职业标准体系。

二、职业核心技能

核心技能是职业发展最根本的知识、技巧和能力，是人们在自己的职业生涯发展中，胜任职业工作必需的生理、心理、智力要求和知识、能力、技能要求，这些核心技能具有较强的通用性、普遍的适用性和广泛的可迁移性，对一个人的职业生涯发展影响极其深远。

开发和培育潜在劳动力，提升潜在劳动力的核心技能，就是促进他们形成胜任职业必需的各种素养和技能，促进他们养成最广泛的从业能力，奠定一个人一生职业生涯发展的基础。在国家人力资源开发中，核心技能的确立、核心技能的培养和开发，对于一个人、一个国家人力资源的开发，都具有重大战略意义。

（一）核心技能类型

现代社会人们越来越注重核心技能的培养，各个国家的专家学者都在深入研究职业核心技能，希望在促进本国人力资源的发展中事半功倍，但在职业核心技能的内涵、范围、种类、影响等一系列基础性问题上，各国的专家学者还没有形成完全统一的意见。我国的一些专家和学者，从我国经济社会发展的现实出发，结合职业技能发展的特点，结合其他的国际先进经验，认可的职业核心技能主要包括以下八个方面：

1. 交流表达

主要指通过语言形式，能准确、清晰、全面、完整表达自己的意图，和其他人进行双向、多向的信息交流传递，以达到能够相互沟通、相互了解、相互影响、相互作用的能力。当然，在一些特殊情况下，也包括采用书面表达的形式，或者其他适当的表达形式，进行有效沟通交流的能力。

2. 创新能力

主要指通过学习认知，或者通过感受认知，在以前工作或现实的基础上，通过自身努力，创造性地提出新的观点、新的理论，或者新的方案、新的方法，以及新的事物、新的结构等方面的能力。

3. 运算能力

主要指采用相关的方法，运用相关理论，尤其是已经被证明是科学的数学原理、数学方法等数学工具，来对数字符号信息，数字特征信息进行收集、归类、融合等方面相关的计算，来解决实际工作中问题的能力。

4. 合作能力

主要指在实际工作活动过程中，认知和理解组织结构、团队目标、工作任务、工作目标、个人职责等，在此基础上，与他人相互协调、相互配合、互相帮助，以合作完成相关工作任务的能力。

5. 自我提升

主要指在职业工作过程中，通过从社会视角、组织视角、他人视角等角度，进行归纳、反思、总结，明晰自己的优势和劣势、长处与短板、强项和弱项，全方位地认知自我，并能在职业发展过程中扬长避短，不断自我调整、自我改进、自我完善的能力。

6. 解决问题

主要指在工作中，把学习中所获得的思想、理论、方案，通过和现实的工种、岗位相互结合，转化为工作过程和行为，也就是通过把理论等转化为实践，最终解决工作中实际问题、完成工作任务的能力。

7. 外语应用

现代社会是一个开放的社会，各国之间的交往日益频繁，现代科学技术日益交融互长，地球越来越像一个地球村。这里所说的外语能力，就是指在这一时代背景下，主要通过学习，在实际的工作及在和外宾的沟通交往活动中，运用外国语言的能力。

8. 信息处理

现代社会科学技术迅猛发展，尤其是以计算机、互联网为代表的信息技术发展非常快，而且普及程度非常快、非常高。这里所说的信息处理，就是指在实际的工作过程中，运用计算机技术，互联网技术收集、整理和处理各种形式信息资源的能力。

（二）核心技能鉴定

核心技能的研究，在我国已经有较长的时间，理论探讨和研究也发展得相对比较充分。在实际的核心技能鉴定中，主要分以下几步：

1. 确定目标

当前，我国职业核心技能的培训重点是学校教育和社会培训，由国家制定统一的核心技能标准，由学校和培训机构按照核心技能标准组织培养实施，最终可以面向社会一切需要者提供核心技能证书。我们国家非常重视核心技能培养，当前的工作重点是，逐步在中职学校、高职学院、应用型普通高等学校、各类就业培训中心、各类社会教育培训机构，以及广大企事业单位的培训中心，大力推动和组织实施核心技能培训。

2. 制定核心技能标准

组织行业和专业方面的专家队伍，参照各国同行做法和相关资料，依据我国经济社会发展的实际，按照行业、职业、工种、岗位的工作内涵和工作特点，制定我国的职业核心技能标准。

3. 编制核心技能教材

组织相关专家和行业工作者，以职业核心技能标准为依据，按照分类、分层的要求，注重从行业实际出发，注重工作实际操作，力争反映行业发展的最新要求，编制核心技能教材。

4. 开展教育培训

通过社会培训机构，或者企业培训中心，重点是职业院校，开展核心技能教育培训，采用从基础到全面、从低到高的培训思路，台阶式地开展教育培训工作。

5. 考核认证

经过教育培训，对申请者采用考核鉴定的方式来对申请者职业核心技能的掌握熟悉程度进行甄别鉴定。这种甄别鉴定，现在主要通过考试的方式来进行。当然，也可以采取评价方式来进行。

三、职业类型

（一）西方国家职业的主要类型

世界上各个国家的国情不同，各有各的特点，在对待职业的划分上，也深深地打上了自身国情、特点的烙印，甚至各国对职业划分的标准也有各不相同。当前，经济社会比较发达的一些国家和地区，从不同的视角，依据不同的标准，一般将职业分为三种类型：

1. 从脑力劳动和体力劳动的视角

根据这种分类方法，把职业中运用脑力和体力程度不等的工作人员划分为白领工作人员和蓝领工作人员两大类。

白领工作人员一般是指在工作中运用脑力比较多、主要从事专业性和技术性工作的员工，包括职业经理人员，行政管理人员、技术研究人员、技术教学人员、法律工作者、销售人员、办公室人员等。

蓝领工作人员一般是指在工作中运用体力比较多、主要从事体力工作的工作人员，包括以手工艺及手工劳动为主的工人、非运输性的技工、运输装置机工人、农场工作的工人、服务性行业的工人等。

2. 从心理学个别差异的视角进行分类

这种方法是从一个人心理认知的视角，按照个体差异的选择来分类，其主要依据来自美国著名的职业指导专家霍兰德。1953 年，霍兰德编制了职业偏好量表，并在此基础上发展了导向探索表，据此提出了职业兴趣理论。这一理论把人格类型划分为六种，即现实型、研究型、艺术型、社会型、企业型和常规型。现在不少从事职业生涯发展研究的人认为，这种职业分类，往往带有一定的主观特征。

3. 从职业主要职责的视角进行分类

从职业主要职责角度进行分类的方法较为普遍，笔者拿以下两种职业为例做一说明：

第一个职业分类，是广为传播并得到国际社会普遍认可的国际标准职业分类。国际标准职业分类把职业由粗至细，分为 4 个层次、8 个大类、83 个小类、284 个细类、1506 个职业项目，总共列出职业 1881 个。其中，8 个大类为：专家、技术人员及有关工作者，政府官员和企业经理，事务工作者和有关工作者，销售工作者，服务工作者，农业、牧业、林业工作者及渔民、猎人，生产和有关工作者、运输设备操作者和劳动者，不能按职业分类的劳动者。

这种分类方法的优势是，方便各个国家之间职业统计，便于各国职业资料的对比和相互交流。

第二个职业分类，是源自加拿大《职业岗位分类词典》中对职业的分类。这一职业分类根据加拿大经济与社会发展的实际，把经济社会中的主要行业进行了分类，将职业划分了23个主类，根据内涵层次再将23个主类分为81个子类、489个细类、7200多个职业，对每种职业都进行了比较详细的说明，并对每一个职业的内容、从业人员、接受教育程度、职业培训、能力倾向、兴趣爱好、性格，以及体质等方面做出描述，具有比较大的参考价值和意义，影响也比较深远。

（二）我国的职业类型

我国职业的分类，按照不同的标准，可以分为不同的类型。按照一个人从事的行业内涵来分，职业可以分为以下五类：

1. 技术型

技术型职业的内容相当广泛，以此作为自己一生职业定位的人，不管是出于个性，还是出于爱好的原因，这一类型的从业者，大多不愿意从事管理工作或一般的服务性工作，而是愿意在自己所处的事业领域中的技术方面有所发展。

在我国，过去有一种用人的偏差，就是在一段时间内，由于我国培养的专业管理人员比较少，尤其是企业管理人员，比如企业经理，我们就将一些技术拔尖，在技术领域取得比较高成就的科技人员选拔到领导岗位，让他们从事企业的管理工作。这一种用人模式，可能往往事与愿违，因为一些技术人员，由于自身的各种原因，本人往往并不喜欢，或者并不愿意从事一般的管理工作，也不擅长管理工作，可能更擅长于技术工作，也更希望能继续从事自己的专业领域，深耕自己的专业，所以我们在选人用人时，一般要注意适人适位，把合适的人放到合适的位置上，才能更好地人尽其才，才尽其用。

2. 创造型

具有创造型职业定位的这类人，他们的特点是在工作过程中，希望创造或者建立一个完全属于自己的东西，他们愿意做体现自身特点的工作，或是创立一家属于自己的企业或者公司。他们认为，在工作的过程中，只有创立这些实实在在的事物，才能真正体现一个人的价值与才干。比如，从事艺术创作的人，他们致力于创作一些能体现自身价值和自身特点的作品，往往不愿意从事管理工作，或者重复性的工作。

3. 管理型

具有管理型职业定位的这类人，具有比较强烈的、发自内在的意愿去管理人，协调人际关系，同时他们的知识和经验有助于他们达到比较高的领导位置，他们把自己的职业生涯发展目标确定为具有一定职位的管理岗位。要成为具有管理能力的人，往往是具有这些特征的人：

第一是分析能力。具有这种能力的人，往往在各种信息不全面、不充分，或者不能完全掌握时，就能够比较准确地预测未来，并能比较准确地应对。

第二是人际沟通能力。具有管理型职业定位的人，在应对各种变化方面具有比较强的能力，也就是人际沟通能力比较强。

第三是情绪调控力。具有管理型职业定位的人，情绪调节、控制能力比较强，在面对突发事件、应急事件、危急事件时，往往比较冷静，不为情绪左右，能及时调整自己的情绪，还能有所作为，承担比较大的责任，不会被压力压垮。

4. 自由型

具有自由型职业定位的人，喜欢自由，不愿受别人和环境的束缚，喜欢独来独往，不太愿意依附于组织，或是在单位中相互依赖。

具有这种职业定位的人，常常也存在比较高的技术型职业定位，但和那些单纯技术型定位的人相比较，自由型职业定位的人明显的特征是他们并不愿意在组织中发展，不愿意依附于一个单位，而是宁愿做自由职业，比如做一名咨询人员，或者是独立职业者，或是与他人合伙开办企业或公司等。

还有一些具有自由职业定位的人，往往会成为一名自由职业者，比如自由撰稿人，或自己开网站、做直播，或是开一家小的便利店、零售店等。

5. 安全型

具有安全型职业定位的人，往往比较看重职业的长期性、稳定性与安全性。他们更愿意为了稳定的工作、收入、福利及可以预期的未来、确定的发展、明确的养老等付出努力。在我国目前的发展中，很多人都选择这种职业定位，比如考公务员、考事业单位、国企，用时下流行的一句俗话讲就是，“人生的尽头是编制”。之所以会出现这种现象，是由社会发展水平和人们的传统观念所决定的，有些人是受社会和周围环境的影响和制约，可能并不完全是本人的真实意愿。相信随着社会的发展、经济的进步、人们生活水平的提高及观念的变化，人们的选择会变得更加多元。

（三）我国职业类型工种描述

我国职业类型工种，大体有以下几种：

1. 纯文职人员

一般是指以从事脑力劳动为主的工作人员。比如，一个单位的研发人员、会计人员、办公室工作人员、管理人员、营销人员等。从职业类型的角度来看，我国的公务员，比如行政人员、法官、警察、书记员、司法人员等都是纯文职人员；我国的绝大多数专业技术人员，比如教师、医生、设计师、律师、编辑、工程师、试验室人员、质检员等，也是纯文职人员；在我国的企业中，从事管理、技术、营销、法律等方面的工作人员，社会上的一些专业的自由工作者，大多数也可以归入纯文职人员。

2. 从事少量体力劳动的非纯文职人员

主要指工作过程中以脑力劳动和体力劳动相结合，既有脑力劳动的成分，也有一定量的体力劳动成分的人员。比如，在我国的机关、企事业单位中，从事外勤工作的人员、从事后勤服务的工作人员等。具体如从事影视服务的工作人员、餐饮服务的工作人员、特定公共服务的工作人员，像铁路的保安、门卫、理发师、美容师、洗衣店工人、物业工作人员、个体工商户、乒乓球教练、消防队队员，健身教练、体操教练、篮球教练等。

3. 从事较大量体力劳动的非纯文职人员

主要指工作过程中以脑力与体力相结合，在工作过程中，有大量的体力劳动成分的人员。比如，从事农业机械操作的人员、养殖业工人、运输业工人、厨师、建筑工人、制造业工人、送货员、舞蹈演员、橄榄球运动员、乒乓球运动员、各种机械操作人员等。

4. 从事体力劳动为主的职业类型人员

主要指工作过程中以体力为主，脑力不算太多，甚至很少。在我国，这些职业主要分布在农牧业、制造业。比如，护林员、铁路维护人员、机械加工人员、印刷厂工人、加油站人员、制药厂工人、化工产品生产人员、造纸业人员、邮政外勤人员、快递人员等。

5. 从事大量体力劳动为主的职业类型人员

主要指工作过程中以体力为主，且劳动剧烈的人员。在我国，这类人员主要聚集在一些比较传统的第一、第二产业中。比如，木材加工业工人、石材加工业工人、搬运工作人员、一些采矿工作人员、高空作业人员等。

第二节　新时期青年的职业认知

一、我国职业分类的种类、原则及意义

（一）职业分类的种类

职业分类以工作性质的同一性为基本原则，对社会职业进行系统的划分与归类。这里所说的工作性质，主要指一种职业区别于另一种职业的根本属性，一般通过职业活动的对象、职业的从业方式等不同形式体现出来。职业分类的目的，就是要将社会上丰富多彩的各种各样的工作，划分成条理清晰、规范统一、井然有序的职业类别或职业层次。

职业分类一般以职业分类体系的形式展现出来，职业分类体系一般通过职业代码、职业名称、职业定义、职业工作内容等，描述出每一个职业类别的内涵与外延。

在我国发展的新阶段，根据人力资源和社会保障部颁布的职业类型，我国的职业分类结构一般包括四个层次，即大类、中类、小类和细类，依次体现从大到小的职业类别。其中细类是我国职业分类结构中最基本的类别，即我们所说的职业。

我国现行的职业分类体系，依据《中华人民共和国职业分类大典》实施，该大典于 2015 年 7 月 29 日，由国家职业分类大典修订工作委员会审议通过。《中华人民共和国职业分类大典》将我国现在的社会职业，分为 8 个大类、75 个中类、434 个小类、1481 细类。

第一大类，国家机关、党群组织、企业、事业单位负责人。

这一职业分类，参照的是我国政治制度与社会管理体制现状，

对具有决策和管理权的社会职业，依据其组织类型、职责范围的层次、工作业务的相似性、工作的复杂程度，以及工作所承担的职责大小等内容，来进行的划分与归类，具体包括 6 个中类、15 个小类、23 个细类。

第二大类，专业技术人员。

这一职业分类，主要参照我国产业、行业、企业生产发展现状，依据职业工作的繁杂程度、范围层次、知识与技能要求等内容，来进行的划分与分类，包括 11 个中类、120 个小类、451 个细类。

第三大类，办事人员和有关人员。

这一职业分类，主要依据我国现行的公共管理与社会组织中，从业者的工作实际和业态实际进行分类。在《中华人民共和国职业分类大典》中，这一类型主要是指辅助公共管理、企事业单位管理岗从事行政业务、行政事务属性的工作，包括 3 个中类、9 个小类、25 个细类。

第四大类，社会生产服务和生活服务人员。

这一职业类型，参照我国经济行业分类，以及我国服务业发展现状，重点关注了新兴服务业的社会职业发展，主要按照服务属性划分归类，包括 15 个中类、93 个小类、278 个细类。

第五大类，农、林、牧、渔业生产及辅助人员。

这一职业分类，主要以农、林、牧、渔业生产环境，生产技术和产业结构的变化，现代农业生产领域中生产技术应用、生产分工与合作的现状为依据，参照国民经济行业分类进行，包括 6 个中类、24 个小类、52 个细类。

第六大类，生产制造及有关人员。

这一职业分类，主要依据国民经济行业分类，以及生产制造业发展业态，以工艺技术、工具设备、主要原材料、产品用途和服务与技能等级水平相似性进行，包括 32 个中类、171 个小类、650 个个细类。

第七大类，军人。

这一职业分类比较简单，包括 1 个中类、1 个小类、1 个细类。

第八大类，特殊职业的其他从业人员。

这一职业分类，难以划分到前面的相关领域内，因此根据职业工作特点单列划分，包括 1 个中类、1 个小类、87 个细类。

从以上分类，我们可以总结出我国职业分布的特点：

其一，技术型和技能型职业占主导。这一类型的职业占实际职业总量的 60.88%，分布于我国工业生产的各主要领域。

其二，第三产业职业比重较小，仅占实际职业总量的 8% 左右。我国的第三产业发展还有一定的滞后性，职业比重偏低，相信随着经济和社会的转型升级，比重会有所提升，实现相对均衡发展。

其三，知识型与高新技术型职业较少。我国现有职业结构中，属于知识型与高新技术型的职业数量，占实际职业总量的 3%。这一比例明显过低，既是一种现实，也是一种压力，因为现代综合国力的竞争，主要依靠的是科学技术的发展，我国现今还有比较大的差距，应该大力实施科教兴国战略，推动高新技术和知识型产业行业的发展，相信随着我国创新型国家战略的进一步实施与发展，知识型与高新技术型职业偏少的格局会发生根本性的转变。

（二）职业分类的原则

我国的职业分类工作严格遵循这样一些原则：

第一，客观性原则。我国的职业分类工作从我国经济社会发展的实际出发，全面评估各行业、各工种的工作性质，工作的技术特点，工作的繁简程度，工作的规范流程等，客观、准确、实事求是地反映了当前社会职业发展的实际状况。

第二，科学性原则。我国在科学的职业分类理论指导下，采用科学的鉴别方法，借鉴国际上职业分类的先进经验，参考国际上职业分类的标准，充分考虑职业发展在我国当前社会转型期的特征，以及当前的社会分工特点，主要采用工作性质相似性的标准，以技能水平相似性为辅来进行分类。

第三，开放性原则。我国职业分类具有开放性特征，坚持与时俱进，遵循职业发展规律，适应经济社会发展实际和未来发展趋势，动态对社会职业进行更新和调整，在调整中为新职业留有空间和接口。

职业分类的动态维护和更新工作，也就是我们经常所说的职业分类修订工作，是一项长期不断完善的任务。随着科技进步和产业变革的迅猛发展，我国经济社会发展的信息化、现代化程度也日益加深，众多领域、行业、职业、技术正发生剧烈的变化，社会职业结构，甚至生产生活方式也会随之而变。我国正密切跟踪行业、职业、科技的最新发展变化，动态了解和掌握新职业的工作类型、工作内容、工作特征、发展现状、从业人员数量和质量、工作结构、工作薪酬、工作能力等的变化，在此基础上，建立新职业发布制度，定期发布新职业信息。通过开发新职业，创造新岗位，吸纳新就业，建立职业分类动态更新机制，对《中华人民共和国职业分类大典》进行及时调整和补充完善。

（三）职业分类的意义

职业分类的意义重大，是制定职业标准的依据，是对职业、员工进行科学化、体系化、规范化管理的基础。

1. 有利于对工作进行有效分类

同一性质、同一任务、同一要求的工作，一般具有相同的规律和特征，把这些相同的工作归为一类，体现其共同特点和共同要求，采取相应的考核、培训、奖惩等管理模式，提升管理的针对性及有效性。

2. 有利于职业职责标准的制定

职业分类明确了各类职业的工作责任、工作要求，并且明确了完成工作所需要的职业素质，这些内容的明确，为职业职责的制定奠定了基础。

3. 有利于对员工进行科学的管理

通过职业分类，可以科学合理地建立起职业结构，方便对工作人员进行科学的考核，也为员工的薪酬、激励、惩戒等管理活动提供了基本依据。

可以说，职业分类的意义重大，它为一个国家人力资源市场的建设、职业教育培训、就业创业、国民经济信息统计，以及职业人口普查等，起到规范和引领的作用。

二、新时期青年的职业认知现状

职业认知是一个人对职业的看法和态度，是一个人对职业目标的追求和向往的体现，也是一个人人生目标和人生态度在职业选择、职业生涯发展方面的具体表现。

每一种职业都有其自身特性，人们对职业不同的认识、对职业的好坏评价，体现着人们不同的职业价值观。职业价值观决定了人们的职业期望，影响着人们对职业生涯发展方向和职业生涯发展目标的选择，决定着人们在职业生涯发展中的工作态度和劳动绩效水平，进而影响着人们的职业生涯发展。哪个职业好，在哪儿从事此职业，哪个岗位适合自己，某一具体职业、岗位的目的是什么，都受一个人职业价值观的影响。

一个人的理想、信念如何，形成了什么样的世界观、人生观、价值观，都会影响到他的职业价值观。俗话说“人各有志”，这个“志”表现在职业选择上，就是职业价值观，也就是一个人职业选择的态度和行为，它具有明确的目的性、自觉性和坚定性，可以说，职业价值观对一个人的职业生涯发展目标和择业动机起着决定性的作用。

从理想、信念和世界观视域出发，笔者认为新时期青年对职业认知，主要有以下几个方面：

（一）认为职业就是为了自由

现在很多青年认为，选择一个职业工作，本质上就是为了获得自由，既包括财务自由，又体现为工作自由。他们认为人的一生，必须通过职业来体现价值，但是不愿意受束缚，希望在职业工作过程中，依托自己的技能和能力，拥有自己的职业小“城堡”，达到最大的人生自由。

这些青年在职业选择时，比较喜欢做一名自由工作者，从事演艺、艺术、创作等工作，认为这些职业比较自由，能实现自己人生的自由。

（二）认为职业就是为了金钱

有一些青年崇尚金钱至上，认为世间的各种关系都是建立在金钱的基础上，包括人与人之间的关系。拥有这种认知的人确信，金钱胜过一切，可以买到世界上所有的幸福，解决世界上所有的问题。他们认为，职业工作就是为了金钱，一切向钱看。在选择职业和职业生涯发展的过程中，以获取金钱的多少作为职业生涯发展的标准。这种价值认知是有一定偏差的，应该予以正确的引导。

当然，在社会主义市场经济发展的过程中，只要收入合法、合规，有这样的职业认知也无可厚非，他们只不过更看重职业生涯发展的钱景罢了。在从事销售、经商办企业的人中，这种职业认知可能明显一些。

（三）认为职业就是为了自我实现

笔者在调查的过程中，明显感知到一些新时期青年对自我实现的渴望。这些青年不太关心平常的幸福，有个性，追求与众不同，追求真理。在职业选择和职业生涯发展过程中，他们不太考虑职业收入，也并不太关注职业地位，不太在意他人对自己的看法，而是竭尽全力挖掘自己的潜能，全力以赴展示自己的才智，渴望有社会地位和名誉，希望受到众人的尊敬，实现自我价值。

这些青年愿意从事的职业有科学家，如生物学家、化学家、地质学家、天文学家、植物学家、物理学家、数学家等，或是是知名演员、知名歌唱家等。

（四）认为职业就是为了实现品质生活

笔者在调查的过程中，发现一些青年对成功、成名、成家没有多大的渴望，而是愿意生活在舒适圈内，不愿意抛头露面、走南闯北，而是小富即安，自我优越感很强，认为自己的家庭、生活都好，仅仅考虑通过一定的努力，选择一个比较适合自己的职业，过上有品质的生活就好，喜欢安逸，不愿意从事挑战性的职业工作。

这些青年愿意从事按部就班的职业，如会计、出纳、打字员、办公室职员、计算机操作员、护士、导游、教师等。

（五）认为职业就是为了支配和控制

笔者在调查的过程中遇到这样一些青年，他们渴望成功，希望得到大家的认可，成为一个具有影响力的人。他们希望支配和控制职业工作，尤其希望在工作过程中指导、影响、支配、管理他人，甚至希望在职业过程中控制他人，在工作中追求权力和地位。这些青年一般都希望成为管理人员，不太看重他人的想法和感受，以拥有权力和地位为目标，且以此为乐。

这些青年愿意从事的职业类型有警察、管理人员、公务员等。

（六）认为职业就是为了合作与认可

还有一些青年，他们对职业的认知，主要聚焦在成为“圈里人”上，认为职业在合作中共同发展，获得大家的认可及自己生活与发展的基础。有这些职业认知的青年，性格一般都比较沉稳，做事细致入微，工作组织严密，工作、生活安排得井井有条。他们富于同情心，易感同身受，不愿做表面工作，用实际行动默默地帮助需要帮助的人，并在此过程中感到快乐与满足，且对未来持平常心态，人际关系较好，重视朋友，认为朋友就是自己的财富。

这些青年愿意从事的职业类型有公关人员、推销人员、秘书、医生、心理咨询人员等。

三、引导新时期青年科学认知职业

（一）科学认知职业的本质

青年人对自己的第一个职业，往往抱有各种各样的期望和憧憬，这非常正常，更无可厚非。但职业到底意味着什么，职业的本质到底是什么，从事职业到底是为了什么，却并不一定为人们所真正理解与认知。

从社会学的视角来看，职业有两个本质特征 ：

一是职业作为一种社会分工形式，是一种特定的社会关系，不同的职业体系包含着不同的社会关系。

二是职业作为社会分工体系中的特定社会位置，扮演多种社会角色，包含多种社会期待，因而职业是包含着多种多样社会规范的集合体。

之所以强调职业的这些本质，是想提醒广大青年人在选择职业时，不应该只为了金钱，或为了生活，或为了控制，或为了自由，而忽略了自己的专业、兴趣爱好等，应该选择适合自己个性和能力的职业。

国家公务员这样一个职业对于绝大多数大学生而言，经过短暂的培训和实践，都能适应公务员角色的技术要求，但是并不是所有的人都能适合国家公务员这一职业岗位的社会角色，尤其是与人交往沟通的意愿、奉献精神、利他思想、为人理念等，这些都是公务员职业所必备的“社会关系和社会规范”，不是所有的人都适合并胜任。因此，认知自我和认知职业，并将二者有机结合起来，就显得非常重要，这对于还未开启正式职业生涯发展的年轻人来说，是一个不小的挑战。

年轻人需要了解更多职业的本质，同时也需要深刻认知职业生涯发展，这样才能较好地选择和成长。一个人第一次的职业选择，对于他以后的职业生涯发展非常重要，但是其他因素，例如社会的发展、政策的改变、技术的变化、职业的发展、环境的变化等，也会对一个人的职业生涯发展产生重要的影响，这对于那些刚进入职场，并且开始职业生涯发展的年轻人来说，尤为重要。因此，年轻人进入社会选择职业时，应选择适合自身的职业，且需要长期的积累，因为一个人的职业生涯发展是一个漫长的过程，职业的成功，很少是毕其功于一役的结果，而是长期的积累加上机遇的结果。

（二）树立面向职业的良好心态

无论从事什么行业，都会面临职业竞争，甚至是比较激烈的职业竞争，应努力做到扬长避短、量力而行，因为每个人都有自己的优势与不足，一个人能审时度势，挖掘并发挥自己的特长与优势，避开自己的劣势与不足，为社会和他人提供劳动或服务时，使自己的生活得到改善，价值得以体现，是一种良好的职业心态。

“尺有所短，寸有所长”，每个人都应对自己的能力有个正确、客观的认识，只有这样，才能面对纷繁复杂的职业时，树立良好的心态，获得理想的职业。这种良好的心态主要表现在以下几个方面：

1. 确定合适的职业生涯发展目标

一个人的职业生涯发展目标应当和自身能力相符合，这样才有利于树立自己的信心，从而使自己在职业生涯发展中处于比较优势。确立的职业生涯发展目标是否合理，取决于知己知彼，实事求是，合理定位，扬长避短，这是职业生涯发展成功的一把钥匙。

2. 职业认知尽量避免从众心理

一个人在确定自己的职业生涯发展时，要尽量避免从众心理，要避免因自己的虚荣心、侥幸心理，而改变原来已深思熟虑的职业生涯发展规划。一个人大学毕业，学有所成，服务社会，实现价值，是绚丽人生的开始，也是每一个有志青年的美好愿望。年轻人在职业选择与生涯发展时，不要盲目攀比，避免出现不利于自身价值实现和长远发展的情况。

3. 职业认知尽量避免理想主义

当前社会，对职业的理想主义、过高的期望，甚至已经影响到了年轻人的顺利就业。现在的有些年轻人，尤其是有些家庭条件、生活条件较好的年轻人，在职业选择与生涯发展中，对自己未来从事的职业期望值过高，反而错过了许多好的职业与机遇。

4. 职业认知尽量克服依赖心理

现在有一些青年人，在职业选择与职业生涯发展中，缺乏自信心，把希望寄托于自己的亲戚朋友和父母的帮助，期望通过拉关系、走后门能有好的职业选择与职业生涯发展，甚至有一些年轻人在做职业选择时由父母出面与用人单位洽谈协商，却不知这样做会让人对此青年人的能力产生怀疑，甚至让用人单位对其是否能正常履职产生怀疑。现代社会，机遇与挑战并存，只有在职业选择与职业生涯发展中树立信心，克服依赖心理，才能在职业选择与职业生涯发展中脱颖而出。

（三）要注意把握好机会

现代社会，面对职业生涯发展时，很多人可能不会对一份工作“从一而终”。其实，一个人的择业、就业、创业、立业将伴随一生。因此，选择第一份工作时，只要是和自己的职业生涯发展大方向一致，就不要怕苦怕累，而应该抱着锻炼自身、完善个人能力、探寻发展机遇的心态去适应，把握自己职业选择与生涯发展的机会。

有年轻人希望职业生涯发展在大城市、大单位，希望自己工作的职业环境好、收入高、福利待遇优厚、工作稳定、社会地位高，这样的职业工作，符合人们的普遍共识，是人们选择职业的共同目标，当然职业岗位的竞争也十分激烈。我们可以调整自己，主动适应社会发展，把握职业市场的变化，定位分析自身条件，合理设定自己的求职目标，调整对工资待遇、工作环境、工作稳定等工作条件的期望，到我国的中西部地区、基层单位、民营中小企业等，这些地域和单位人才紧缺，随着经济的迅猛发展，今后一个时期，这些地方和这些组织将是年轻人职业生涯发展的主要渠道，一个年轻人从基层干起，反而更有利于他今后的成长、成才和发展。在艰苦地方拼搏的经历，是一个人一生宝贵的职业财富，从艰苦环境中成长起来的青年人，确实能够迎接更大的挑战。

现在，国家倡导“大众创业，万众创新”，自主创业也是年轻人成长、成才的一种途径，更是一种机会，当然也是一种挑战。年轻人要努力加强创业意识培育，加强创业意识的凝聚和实践，做一名时代发展的创业者。当然作为年轻人，由于缺乏必要的社会经验，创业的知识和技能还不成熟，同时也由于缺乏足够的创业资金和丰富的社会关系，因此创业成功的难度还是很大的，所以年轻人在创业前，应该充分考虑自身的特点，慎重考虑各方面的条件，尤其是自己的技能特长和家庭条件，正确对待自主创业的成功和失败，多关注岗位的发展和锻炼机会，因为一切都在发展变化中，只要脚踏实地，寻找机会、把握机会，就一定能获得较好的职业生涯发展和创业成功。

四、职业认知的相关案例

职业分类是随着人类社会发展而发展变化的，不同的标准有不同的分类，每一个发展阶段，人们根据各自不同的传承、不同的知识技能、不同的个性特征从事着各种不同的职业，但不论从事什么职业，都没有高低贵贱之分，从事什么职业只和社会经济发展、文化传承、各自传统、个人特点高度关联，不是区分一个人水平高低、贡献大小的标准，可以说，三百六十行，行行出状元，职业没有好坏之分，没有贵贱之分，没有大小之分，没有轻重之分，一个人不论从事何种职业，都能出彩，都能成功。新时期青年应该正确看待和认知职业，选择合适自己的职业，取得职业生涯发展成功。在这里，笔者拟通过调查过程中收集的案例，分析几个日常生活中常见的职业类型，以期引导青年对职业有一个比较科学的理解与认知。

（一）正确认识公务员职业

古往今来，学而优则仕，这种官本位思想观念对人们的影响深远，能捧上金饭碗，考上公务员，一些人就认为离衣食无忧、有权有势、呼风唤雨的生活似乎不远了。这些认知，让国人对入仕、考公乐此不疲。古有范进中举，屡考屡败，屡败屡考，直到中举兴奋过度而又疯又痴，而当下考公也是炙手可热，大家都要挤一挤这独木桥。这说明，金饭碗无论对于古人还是今人都是如此重要，它关系到一个人一生的前途命运，甚至一些人认为关系到一个家族的荣耀，而事实到底是怎么样的呢？一些人努力拼搏，最终通过考公获得了这份职业之后，却发现有了金饭碗，但不可以养尊处优，甚至发现自己根本就不适应公务员这一职业。

公务员稳定、清闲、有保障、社会认可度高、社交机会多，这是这个职业的优点，但是公务员也需要经常出差、加班，一些边远地区，工作环境和条件依然比较艰苦，而且待遇也并不像人们传说的那样，和一些行业、企业相比有比较大的差异，尤其在县、乡等基层单位更为明显，不少人感慨自己端的是“最苦金饭碗”。

我们要正确认知公务员这一职业，与其他一些职业相比有其优势，但也并不是每天喝喝茶、看看报纸那么舒服，也需要出差、加班，到艰苦的地区去。作为国家公职人员，公务员的本职就是全心全意为人民服务，即使条件艰苦点、工作待遇差点，也应该尽职尽责，以为人民服务为荣，而不能因为条件艰苦就退缩放弃，无论是苦是甜，言行举止都应符合公务员规范，树立正确的职业观，努力实现人生追求，实现自身价值。

（二）正确认识幼儿教师职业

幼儿教师是教师队伍中非常重要的一支力量，以女性工作者为主，主要从事学龄前儿童的教育工作。幼儿教师主要的工作职责，是对幼儿进行启蒙教育，引导他们健康成长，养成良好的行为习惯，取得有益的学习体验，促进身心全面和谐发展。

幼儿教师在教育过程中担任的角色，不单单是知识的传递者，甚至教育重点本身也不是传授知识，而重点是引导幼儿健康成长，养成良好的生活习惯、学习习惯，取得有益的学习体验，是幼儿健康成长的引导者、开发者、支持者、合作者。

首先，幼儿教师要有爱心。对于幼儿教师来说，在幼儿园工作，跟小朋友打交道是一种幸福。每个小朋友都是小天使，幼儿教师要充满爱心，只有在这种心态的驱动下，才能不论遇到怎样的挫折和困难，只要看到小朋友的笑脸，就会觉得人生太美好了，自己能为小朋友工作真是太幸福了。

幼儿教师要想尽办法让自己成为幼儿的好朋友、好老师，努力给他们最大的关爱与呵护。如果一个人不太喜欢孩子，那么就要认真想一想，自己要不要去做幼儿教师。如果已经是一名幼儿教师，就要尽量去挖掘孩子们身上的可爱之处，给予孩子真诚的爱意，如果做不到这一点，那么就应该考虑从事其他职业。

其次，幼儿教师要有知识。幼儿教师要掌握相关的专业知识，主要包括儿童心理学、教育学、行为学等儿童健康成长的专业知识，而且还需要掌握多种活动技能，像绘画、舞蹈、乐器、歌唱等，还要有一些基本的医务知识，尤其是救护知识，可以说，做一名优秀的幼儿教师非常不容易，要求的专业能力范围非常广泛。

笔者在对幼儿教师的调研中，发现谈到从事幼教工作时，幼儿园教师大多认为，最重要的是要有爱心、耐心，要把爱心、耐心融入日常生活、管理和服务活动中。幼儿教师带小朋友，是从早带到晚，就在幼儿园这样一个比较狭小的环境，一年到头，没有爱心、耐心、责任感，一般人很难坚持下来。

最后，幼儿教师要有担当。作为一名幼儿教师，责任感至关重要，三四岁的小朋友，一般还不能用语言来表达自己的真实需求，那么教师的观察、理解就非常重要，这就需要幼儿教师有高度的责任感，细心观察和体会，及时抓住小朋友想表达的意思并理解，不能因为孩子小，哄两句敷衍过去。恰恰相反，正因为孩子还小，他们的表达能力比较弱，和教师相比较，处于绝对的弱势，如果教师采取敷衍的态度，就发现不了孩子们的需求，所以及时体察孩子的内心，要有高度的责任感，体会孩子的感受，让孩子感觉到自己被认真对待，就显得非常重要。

笔者在调查过程中，了解到幼儿教师工作的基本职责主要聚焦在如下几个方面：

(1)要严格遵守幼儿园各项规章制度和幼儿园的各种工作安排。

(2)要严格遵守幼儿教师的师德、师风要求和规范。

(3)作为班主任老师，要全面负责本班教育和保育工作，深刻领会《幼儿园制度规范》的要求，结合本班工作实际，实施幼儿教育工作的各项要求（包括观察、分析、记录、调整、规范幼儿发展情况），并认真执行。

(4)作为幼儿教师，必须对全园的幼儿态度和蔼可亲，与家长沟通及时、细致、耐心；和孩子沟通交流要做到耐心、关心、细心、热心。班主任老师要与本班跟班教师、生活教师团结协作，共同搞好所在班级教育、卫生、保健及生活护理等工作。

(5)作为幼儿教师，要严格认真执行幼儿园关于幼儿的作息时间规定，认真负责地安排好幼儿一日生活内容，做到动静有别，生活有序，整洁卫生，手脑并用，确保每一名幼儿身心健康成长。

(6)班主任老师要主持召开每周班务会议，和本班跟班教师、生活教师团结协作，共同确定下周工作重点、工作过程，明确工作注意事项，每天必须做好幼儿园要求的各项记录工作。

第五章　新时期青年职业生涯发展规划中存在的问题及成因

第一节　新时期青年职业生涯发展规划中存在的问题

一、新时期青年职业生涯发展规划方向

一个人的自我评价和自我认知过程密切相关，就新时期青年的职业生涯发展规划而言，自我评价是青年从自己的实际出发，在客观分析自己所处的时代特征、发展区域特征、组织特征、家庭特征及自身特征的基础上，对自己在职业生涯发展所做的设想与规划，并在规划的引领下，逐步努力实现的过程，也就是一个人职业生涯发展逐步实现知行统一的过程。

不同的青年，由于自身情况的不同，有着不同的职业选择。同样，不同的职业，对青年人有着不同的知识、素质、技能、能力的要求。一个青年选择与自身情况相匹配的职业，体现了职业与青年的知识、技能相匹配。

青年人的职业选择与生涯发展是否与自己的实际情况相匹配，一般是通过认知其的职业倾向与职业需要是否匹配来评判，这里所说的职业倾向，主要指一个人的职业体力倾向、职业能力倾向和职业个性倾向。通过对这三种倾向的认知，进而对一个人的职业倾向有一个比较客观的认知，从而更容易走向职业生涯发展成功。

（一）职业体力倾向

主要指一个人通过对自己身体综合素质的研判，来判断自己所适合的职业生涯发展方向。一个人的身体综合素质，从适应职业选择与生涯发展的角度来看，一般包括以下几个方面的内容：

1. 一个人的力气

在社会职业竞争中，有相当多的职业需要一定的力气来支撑，更不必说，现代社会还有很多职业是以力气为主的，比如装卸工、保洁员等。一些没有上过大学，没有接受过专门职业培训的青年，他们在职业选择的过程中，尤其看重自己的体力与体能。如有一位青年，初中毕业后上的职业高中，学习的是电子商务，但对电子商务的知识并没有学到多少。职高毕业后，他参军到部队后就再也没有接触电子商务，也没有学到什么特定技能，转业回地方后去应聘工作，但不敢应聘电子商务岗位，认为自己对此岗位的知识既没有学了多少，更没有实践，没有能力从事相关工作，部队两年锻炼了体能，身体素质不错，对自己的体能比较自信，现在从事和体能密切相关的工作，在一个地方物流公司从事配送工作。

2. 一个人身体的敏捷性和平衡性

一个人身体的敏捷性和平衡性，影响其能否胜任某些职业。现代社会，很多职业岗位都对一个人身体的敏捷性和平衡性有要求，比如驾驶员、理货员、警察等。如这样一位青年，在职业学院学习的是文秘专业，但是他本人对做秘书工作不感兴趣，因此也没有学到多少文秘技能，对自己的专业一点也不自信，倒是觉得自己的身体敏捷性和平衡性比较好，毕业后计划考个 A 本驾驶证，希望以后从事专业的司机工作，跑大车搞运输，或应聘到公交公司类的企业从事专业的驾乘工作。

3. 一个人下肢或腰背的协调性

现代社会的很多职业，都对下肢或腰背的协调性有要求，像驾驶挖掘机、高空吊车等岗位，甚至包括理货员、舞蹈演员、体育教师等岗位，对下肢或腰背的协调性有要求。

4. 一个人手臂的灵活性与协调性

这一身体要求影响到绝大多数职业工种，如电脑的操作与使用、手工编织等，基本上离不开手臂的灵活性与协调性。

5. 一个人的语言表达能力、视力情况、听力情况等

这一要求对职业影响巨大，如酒店中的领班、前台接待人员，超市收银员，市场营销人员等，对一个人的语言表达能力、视力灵敏度、听力灵敏度等有较高的要求。如小李从小学到大学，由于不注意用眼科学，高度近视。他学习的是法学专业，学校也是“双一流”高校，他的职业生涯发展理想是当一名警察。笔者认为仅从视力角度来看，小李并不适合当警察，与他的职业生涯发展理想不匹配。

6. 一个人身体的整体协调性等

对身体整体的协调性要求，也是一些职业的基本要求，如建筑、装修行业的员工，超市理货员等。

（二）职业能力倾向

能力是一个人经过长期学习与实践而具备的特定知识与技能。一个人由于学习、实践过程不同，或者努力程度不同，他们的能力也各不相同。一个青年的能力如何，直接影响他的职业选择与职业生涯发展。

一个青年的职业能力，可以分为一般能力与特殊能力。一般能力主要指胜任职业所需要的身体素质、知识等，而特殊能力主要是指胜任特定工作所需要的特定知识、特定素质、特定技能等。

知识、能力和技能是新时期青年就业与发展的重要基础。随着

社会科技的进步，职业分工越来越细，对专业和技能的要求也越来越高，一个人必须接受比较长的专业学习和专业实践，才有可能适应现代社会的高速发展。因此，新时期青年大多经过比较长的专业培训与专业学习，在迈向社会时，已经掌握了一定的专业知识与专业技能，只是有些青年在职业选择的过程中，没有找到与自己专业技能相吻合的岗位；有些青年则在职业选择时发生错位，经过若干年后，发现自己从事的职业出现问题时，难以重新就业，造成职业生涯发展困难。

（三）职业个性倾向

职业个性倾向是指一个人职业生涯发展所需要的兴趣爱好、性格、价值观等个性特征，也就是说，一些职业需要一个人具备某些个性特征。当一个人的个性特征适合自己选择的职业时，就更容易取得职业生涯发展成功；当一个人的个性特征不适应自己选择的职业时，职业生涯发展就要困难一些。当然，一个人也可以改变自己的性格，矫正自己的动机与态度，根据社会和职业的需要，来适应职业的要求，实现人职匹配。

在职业生涯发展规划中，不少青年人对自己的个性、性格、爱好、兴趣等认识不够，觉得自己这也能行，那也可以，只要待遇好，工作清闲，工作有面子，就是自己理想的职业选择，没有科学认知自己的个性特征，造成经过一段时间的职业生涯发展后，对自己选择的职业不满意，出现了对职业生涯发展的困惑与纠结。

二、新时期青年职业生涯发展规划中存在的问题

青年时期是一个人从未成年人向成年人的过渡阶段，虽在知识水平、专业技能、社会经验、生活能力等方面，表现出逐渐成熟的一面，但在社会经验、生活能力、知识积累、专业技能等方面又展

现出欠缺的一面。

青年成长发展这一阶段，是一个人一生中相当独特剧烈变化的一个阶段。这一时期，来自社会的各种价值观念、社会发展的新变迁、社会思潮的新变化、社会职业的新拓展、社会价值观念的新演变等这些外在因素，都会对青年产生强烈的冲击。我国社会发展进入新时代，在此背景下，新时期青年在职业生涯发展规划方面，表现出既想适应社会发展变迁，顺应大众广泛认同的主流趋势，又有一些不被社会理解，甚至被社会批驳的支流趋势，新时期青年职业生涯发展规划的积极理念与消极理念、工作选择的规范与失范交织出现。新时期青年在做职业生涯发展规划时主要存在以下几方面的问题：

（一）创业意愿强烈，但奋斗精神不足

近几年，全国掀起了“大众创业，万众创新”的新热潮，新时期青年为之振奋，纷纷加入其中，参与热情空前高涨，成为“大众创业，万众创新”的主力军，大胆地踏上了个人创业之路。新时期青年创立了自己的企业或公司，搞一些自己开发的项目，由于国家大力鼓励、扶持青年人创新创业，可以获得国家与社会方方面面的优惠，出现了很多成功的创业者。比如，现在各地出现的创客城，获得政府大规模的贴息贷款。

当然，也有不少青年创业者初试锋芒，但最终偃旗息鼓，由于他们对市场认识不足，选择的创业项目不够成熟，市场拓展不畅，也有一些是由于管理不善、资金周转困难等问题，最终破产倒闭。

还有一些青年勇气不足，不敢尝试，只想找一个相对轻松安定的环境混日子，贪图安逸，甚至还有一些人缺乏奋斗精神，眼高手低，总是这山望着那山高，成为“啃老”一族，不务正业，好吃懒做。

总的来说，大部分新时期青年积极、健康、上进，但是存在奋斗精神不足的问题。

（二）理想信念坚定，但又时常盲目迷茫

笔者在收集整理和分析资料的过程中，深刻地感受到，新时期青年已经建立起个人信仰和人生理想，他们爱国，对我国的发展有着强烈的自豪感和自信心，崇拜伟人、英雄。可是，也有一些青年人在自我职业认知中，信仰失衡，理想信念单一，以影星、歌星、体育明星为偶像，而缺少对思想家、科学家等职业从业者的崇拜。

前些年，《同一首歌》到我国某重点大学演出，原本温文尔雅的大学生们，面对歌星，疯狂崇拜，不顾秩序阻拦，前仆后继往台上涌，几乎使演出中断。前些年《超级女声》，捧红了几位歌手，产生了一大批粉丝，还产生了一批歌迷专用词语，比如，“玉米”（指李宇春）、“笔杆”（指周笔畅）、“凉粉”（指张靓颖）、“盒饭”（指何洁）等。笔者认为，青年人是需要职业偶像，但崇拜的职业价值取向不能过于单一，应尽快脱离职业信仰幼稚期，尤其是大学生应努力摆脱职业偶像选择的浅薄。

新时期青年的主流是能坚守理想与信仰，对党、对国家、对民族怀有深厚的感情与爱，对为祖国、为人民、为民族发展而付出巨大贡献的各种职业从业者抱有崇高的敬仰，但有些青年容易受外在环境的影响，易于盲从与盲目追星，易受一些娱乐偶像崇拜的影响。

（三）强烈的能力渴望，但学习能力表现不佳

青年时期是一个人发展的基础期、关键期、决定期，一个人年轻时的学业如何、综合能力表现如何，往往预示着一个人未来发展得如何，直接影响着一个人在群体中的关注度与地位，影响与决定其未来职业生涯发展成就。

尤其是在新时期，青年受教育培训的时间都比较长，差不多 20 多岁，甚至 30 岁时依然在学校求学，他们的学业成绩影响他们对自己能力的判断，影响他们在群体中的社会地位，深刻影响他们的自

尊和自我认知，更深刻地影响他们的职业生涯发展。因此，能力和学习成绩是青年人关注自我发展、体现自我价值的重中之重，是新时期青年职业生涯发展的依托与基础。

在这一时期，青年人普遍特别重视自己的学业，因为已经明白了学习的重要性，认识到当前的学业水平是自己未来职业生涯发展成功的前提。新时期青年普遍对能力渴求，但在实际的学习过程中，表现得又不太令人满意。

（四）职业生涯发展目标较高，但实际工作能力欠缺

新时期青年普遍接受了较高程度的教育培训，生活条件较好，接触新鲜信息较广，尤其是新时期的大学生，经过努力，已是青年群体中最优秀的一部分。作为天之骄子，他们的理想追求和自我认可度较高，自信心、自尊心、自我评价普遍比 20 世纪七八十年代的青年人要高得多，这很正常。

自我认知较高，职业生涯发展目标往往也比较高，对职业生涯发展成功的期望也就比较高，虽然在新时期，人人都可成功，人人都能成才，人人都有出彩的机会，但是也要在能力与素质方面跟得上、相匹配才行，更是脚踏实地、努力拼搏奋斗的结果，“幸福都是奋斗出来的”，但现实是，一部分青年眼高手低，志大才疏，大事做不来，小事又不愿做。

一位名牌大学毕业的研究生，学习的是工程方面的专业，虽然经过了近 20 年的寒窗苦读，毕业后却找不到心仪的工作，经媒体曝光后，有几家企业对他感兴趣，但是一见面，看他那种目空一切的样子，自身认知很高，知识、技能、素质、能力却又跟不上，难以胜任实际的工作，让招聘者直摇头。我们不否认一些青年人的优秀，但是你的才学、能力表现不出来，又有什么用呢？纵观古今，立业先立人，学会做事之前，先要学会做人，学会和他人的交往与合作。

没有他人的协助，一个人很难独立完成一项工作，现代社会尤其如此助。

（五）渴望自强自立，但职业生涯发展不尽如人意

在一个人的青年阶段，尤其处在新时期社会高速变革中，经济上主要依赖家庭支撑，虽然少子化的社会已经使他们的生活比较殷实，但靠父母毕竟不是长久之计，必须自己努力奋斗，独立自主地生活，这既是父母的殷切期望，也是一个人成长的必然，一个人必须具有独立生活的能力。

青年普遍渴望自立自强，但随着生活内容的日益丰富，消费需求的日益增长，收入和消费之间的强烈反差，使很多青年纠结与迷茫。当然，青年人迅速增长的物质和精神消费需求，也会进一步刺激他们积极投身于工作中，但目前青年人的就业压力非常大，求职不易，收入较低，也是一个不可忽视的社会现实。

笔者曾做过一个有关山西高校人力资源管理班级毕业生就业状况的调研，这所学校是山西的二本院校，2021 年人力资源管理专业的毕业生 40 人，其中女生 24 人、男生 16 人，生源以山西为主。笔者在他们毕业前夕，对他们做了集体访谈和问卷调查。在 40 人中，考上研究生的 2 人，占全班人数的 5%；6 人明确表示暂时不就业，继续考研，占全班人数的 15%；表示就业的 32 人，其中 2 人已找到工作，从事人力资源管理工作，占全班人数的 5%；剩下的 30 人在找工作，而此时已经是毕业前夕的 6 月，可以预见，这 30 人在 7 月初刚毕业时，都难以找到工作，因为随着 7 月大量毕业生涌入人才市场，就业压力随之增加，且这 30 人中希望留在太原发展的有 21 人，就业压力更显得巨大。

（六）渴望职业成功，但职业与专业定位不准

新时期青年大多渴望职业生涯发展成功，把个人事业发展与成

功看得比较重，但是在对职业生涯发展规划，包括职业生涯发展成功的认知上存在一些偏差，尤其是对职业生涯发展成功的重要支撑——专业与职业的关系定位不准。

要想选择理想的职业，并希望在职业生涯发展中取得好的成绩，就必须在学习培训期选择合适的专业。我们知道，现代社会分工越来越细，胜任一个职业需要长时间的基础知识和专业知识的学习，并需要较长时间的实践，这就需要我们准确认知专业和职业之间的关系，先对自己未来的职业选择与职业生涯发展进行定位，再选择专业学习与培训。当然，专业与职业也不都是一一对应关系，更不是简单的一对一关系，而是大多呈现一对一、一对多、多对多、多对一等比较复杂的关系。每个人对这一问题都有自己的理解和认识，但也不排除对专业、行业、职业之间关系存在以下几方面的认知误区：

1. 对专业和职业认知不准确

大部分人认为专业和职业是一致的，学啥就是要干啥。造成这个误区的原因是人们对专业和职业之间关系的认知还处于比较初级的阶段，很多人除了对清华大学、北京大学等一些名牌高校有一些了解外，对其他高校要么一概不知，要么不屑一顾，认为上 985、211 高校才算上大学，对其他学校没有兴趣。

笔者曾看到这样一个案例，一名考上清华大学的同学，转学到电子科技大学，虽然电子科技大学也是 985 高校，学校实力也非常强，但可能绝大多数人无法理解，毕竟清华大学是全国莘莘学子的梦想，该学生转学的主要原因，是因为在清华大学学习的是生物工程类专业，而他钟情的专业是软件工程类专业，从中可以看出，专业发展与职业生涯发展的重要关系。

当然，也有一部分人把专业理解为一些具体的职业岗位，但是这类专业只占全部专业的一小部分，大部分专业不存在这种对应关系，尤其是宽口径的专业和基础学科，部分如数学、物理、自动化、工商管理、金融学、公共管理等，在这里我们简单地梳理一下专业和职业的关联性。

第一类是专业、行业相关度比较高。这些专业属于就业去向和岗位比较具体的专业，如师范类、医学类、军事类、警察类、土木工程类、冶炼锻造类、农业技能类等。师范类基本上做教学工作者，医学类基本上做医务工作者，军事类基本做军人等。

第二类是专业、岗位相关度比较高。比如，法学、会计、审计、设计等，理论上可以在所有的行业就业，但职业岗位是固定的，只存在地域、单位的差异。

2．对专业评价存在误区

大部分人认为有一技之长的专业才算好专业，否则就不是好专业。简单来说，就是大部分工科类、计算机类、医药类专业才算好专业，其他专业就不算是一技之长。有这种认知的根本原因在于，我国还处于社会主义初级阶段，物质生活长期以来不够丰富，虽然改革开放已经推动我国全面建成小康社会，人们的生活已经发生根本改变，但观念的形成和改变是一个长期的过程，年龄大的家长还是希望孩子有门技术（手艺）养家糊口，但是这类专业不到全部专业的一半。我国已经全面建成小康社会，正向全面建设社会主义现代化强国迈进，科技发展突飞猛进，出现了大量的新兴行业、产业，信息技术改造传统产业取得了巨大成就，各类专业现在只要学好，都能衣食无忧，过上幸福生活。笔者认为，专业没有好坏之分，适合自己的专业就是好专业，不适合自己的专业就是坏专业。

很多人觉得不学技术就吃不上饭，是对专业软实力缺乏基本的认知，或者说存在偏见，其实软实力和技术一样重要，专业还是更看重个人的综合能力，比如沟通、分析、交流、执行、统筹、创意、管理等软实力，大量的人文社科类（比如金融学）专业就属于此类。

人们在日常生活中对专业好坏的偏差认知，说明对现代企业的部门和人员构成不了解，比如一家大企业，除了技术研发部门外，还有行政人事、后勤总务、业务管理、生产管理、法律事务、品牌管理、新媒体运营、市场策划、财务审计、售后服务、物流管理、供应链、采购、质量管理、安全保卫、外事处理、门店管理、产品管理……这些部门的人员很多，其中大部分都是靠软实力生存，收入颇丰，很多人还走上了领导岗位。

3. 把专业等同于职业

有些人对专业认知存在另一种误区，认为专业就是职业。比如，经常有人说学计算机不稳定，这就是典型地把专业等同于职业。学了计算机，你要想稳定可以考公务员、教师，想要拼搏就去创立互联网公司，专业无法限制你对行业和职业的选择。再比如，会计专业，想稳定可以考公务员，去国企、学校、医院做会计，想拼搏就去会计师事务所、审计师事务所、各类财务公司、金融公司等。

为什么有的人要求稳呢？他们认为一个人工作之后就难以再选择了，甚至认为上班以后知识也再难以增长了，一旦失业（辞职），就只能在社会上打零工，朝不保夕，所以最大的风险就是企业倒闭和被裁员，但当公务员或在事业单位、国企就业很长时间内基本安稳，不会倒闭，也不会被裁员。当然，这也是人们对职业表象的认知，也有一个误区，因为机关单位，尤其是事业单位现在也都是合同制，也有可能下岗失业，在哪儿都要努力工作，拼搏奋斗才行。

第二节　新时期青年职业生涯发展规划中存在问题的成因

改革开放以来，我国经济和社会发展迅猛，经济建设取得巨大成就，社会发展取得明显进步，文化凝聚力明显增强，人们的价值观发生变化，对新时期青年的人生规划和生活，也产生了强烈的冲击与影响，也对新时期青年的职业生涯发展规划产生了重大影响。青年人的职业选择、职业生涯发展、职业生涯发展规划、职业价值观的认知等由单一到多样，由传统到现代，更加贴合实际，更具理性，但是由于对社会转型发展全貌认知的欠缺，一些青年的职业选择和职业生涯发展规划出现了这样或那样的问题与困惑，其成因主要有以下几个方面：

一、社会发展变迁的深刻影响

（一）市场经济趋利性的重大影响

1992 年，我国开始全面建设社会主义市场经济。30 年市场体制与机制的构建，市场经济巨大的活力，对社会发展产生了巨大的触动与影响，人们的市场认知、市场理念发生了重大变化，传统的官本位思想、单一的职业价值取向，在社会变革中逐渐出现转变，社会充满了对多元化职业价值取向的再思考，一些青年人在职业选择、职业生涯发展时，从重行政向重经济转变，从要我成才向我要成才转变，在职业选择、职业定位、职业生涯发展时，更加重视职业带来的经济回报，简单来说，就是在职业选择、职业生涯发展时，更加注重职业“钱景”。

笔者在对山西省高校在校学生进行职业生涯发展规划的问卷

调查中，发放了500多份问卷，收回470多份问卷，其中有效问卷430多份，在整理分析的过程中，笔者发现，在对未来职业取向的选择中，有370多份问卷都聚焦在高薪酬、高待遇上，占有效问卷的比例高达86%，从中可以看出，新时期青年的职业选择价值观发生了巨大的变化，更加重视经济、金钱回报。在访谈中，笔者也得到了相似的结果。

在访谈中，笔者遇到的这位青年，就很有代表性。小张毕业于一所高职院校，学习的是电子商务专业。毕业后，他没有找到理想的工作，在一家民营企业做机械流水线工人，对自己的工作不太满意，虽然是独生子女，生活压力不大，但总感觉收入比较低，待遇也不太好，一直在寻机自己创业，收入能高一些，在亲戚、朋友、同学和周围邻居面前能抬得起头来。他说，自己看重的就是高待遇、高收入，只要待遇好，苦点、累点，甚至脏点都没有关系。他正思谋着在自己的小区开一家快递收发站，同时想向家政公司的方向迈进。他清楚地认识到，由于年少时读书不努力，自己没有考上好大学，也没有学下一技之长，现在大了，后悔已经没有用了，自己已近30岁，必须承担起家庭的重任了。他现在认为，只要工作高薪、待遇好，就是好工作。小张的情况很具有代表性，虽然中国的父母望望子成龙、望女成凤，但绝大多数家庭的子女依然是普通工作者，他们在工作中最看重的还是高收入、高待遇。

新时期青年的这些观念、理念、认知的重大变化，深刻地影响着他们的职业生涯发展规划，成为新时期青年职业生涯发展出现这样或那样问题的深层次原因之一。

（二）职业价值取向日趋多样化

经过40多年的改革开放，我国积聚了巨大的社会财富，科学技术得到迅猛发展，给人们的交往带来了巨大的便利，发展进入新时代。人们的职业价值取向逐渐务实、开放、多样化，尤其是走在时代潮头的新时期青年，他们的职业价值取向在破旧立新中迅速转变，尤其是现代科学技术的快速发展，新产业、新行业、新职业、新技能竞纷呈现，多样化发展，给他们的职业生涯发展带来了更多的选择，促使新时期青年的职业取向多元化。比如，在改革开放之前，人们的职业更多地是由国家来分配，“我是革命一块砖，哪里需要哪里搬”。随着改革开放的深入发展，社会主义市场经济的全面实施，职业生涯发展日趋多元化，新时期青年面对职业生涯发展时有了更多的选择，职业生涯发展规划也更加多元化。

二、对世情、国情、域情认知不准确

（一）对世情认知不全面

我们这里所说的世情，主要是时代发展的大趋势。新时期青年在思考和规划自己的职业生涯发展过程中，首先要受所处时代环境的制约与影响。可以说，时代背景对一个人的发展起着至关重要的作用。试想，一个生活在三国时期的青年，能对地球、世界、人类社会的发展有科学的把握与认知吗？生活在新时期的青年，可以通过科学仪器设备和各种手段来认知世界、把握世界，对世界的发展演变有比较全面的理解与认知，可以说，处在新时期的青年，对世界的认知比以前更便捷、更科学了，但是从一个人的成长发展过程来看，青年对世界的了解与认知还是比较浅，要对他们进行各种有效的教育与引导，帮助他们更好地把握世情，科学地认知世情。

当前，世界正急剧地发展变化着，各种力量激烈碰撞，处于大变革、大调整的新阶段，多极化发展趋势愈加明显，各种力量此消彼长，新兴大国的崛起与振兴，将是未来较长时期一个较明显的特征，世界各国以科技创新为中心进行全方位的竞争，可以说，未来世情的发展前所未有。作为全新发展大背景下的青年，应正确认知世界发展变化的大趋势，准确把握世界发展的大方向，对自己的成长意义重大。

在新时期背景下成长起来的这一代青年，虽然对世界充满兴趣与探索的积极性，认知的手段与途径也非常便捷与多样，但是在丰富多彩的世界面前，青年对世界的认知与判断还比较欠缺，对世界发展变化的认知还不准确，对世界上大国之间的博弈把握还不到位。到底世界是一个什么样的特征，现代发展的趋势如何；自己如何适应世界发展的大趋势，发挥自己的特长优势，更好地推动自己成才，还普遍不清晰。这是新时期青年在职业生涯发展、规划自己的人生发展时普遍存在的迷茫与不解，需要大力引导。

（二）对国情认知不清晰

新时期青年身处社会发展的大潮中，但对我国的发展过程以及具体状况把握不准，尤其是对我国基本国情缺乏全面的认知和理解。所谓国情，主要指在发展过程中内部所面临的一些有利和不利因素的总称。不能将国情简单地理解为一个国家的人口、面积、气候、资源等，它的内容十分丰富，主要包括三个方面：一是自然国情，二是历史国情，三是现实国情。自然国情指一个国家的地域、人口、气候、自然生态、各类自然资源等。历史国情指一个国家的历史传统、历史文化，尤其是长期发展而凝聚形成的文化和价值理念。正如习近平总书记在纪念五四运动 100 周年大会上发表的重要讲话中指出的那样："人类社会发展的历史表明，对一个民族、一个国家来说，最持久、最深层的力量是全社会共同认可的核心价值观。"这种"全社会共同认可的核心价值观"，对新时期青年的职业选择影响巨大。第三是现实国情，即基本国情，我国的基本国情是处于并将长期处于社会主义初级阶段。人类社会的发展，是一个渐进的、上升的过程。

从生产方式落后、社会财富贫乏的原始社会，到奴隶社会、封建社会、资本主义社会，再到未来生产力高度发达、社会财富极大丰富、人类得到自由而全面发展的共产主义社会，是一个逐步迈向美好社会形态的过程。我国正处于社会主义社会的初级阶段，它有两层含义：一是我国已经是社会主义社会，二是我国的社会主义还处于不发达、不完善的阶段。这是从人类社会发展全过程对我国社会所做的总体性判断。新时期青年要对我国的国情有准确的认知，根据我国的发展来规划自己的职业生涯发展。

新时期青年要认知初级阶段的重要意义，要分清有利和不利因素，为了国家发展、民族复兴，我们要扬长避短，将不利因素转化为有利因素，这也是新时期青年了解国情、认知国情、理解国情的意义所在，因为任何一个国家的发展都不可能离开本国的国情，国情是国家发展的依据和出发点，决定方针政策。新时期青年要有所作为，就要从国情出发，努力发展自己，才能更好地实现自己的职业梦想，成就自己的职业生涯发展，更好地为国家的发展贡献自己的才智。

党的十九大报告指出："经过长期努力，中国特色社会主义进入了新时代，这是我国发展新的历史方位。"我国社会的主要矛盾已经转化为人民日益增长的美好生活需要和不平衡、不充分的发展之间的矛盾。新时期青年要对我国初级阶段的主要矛盾有充分的认识，立足于基本国情，准确认知基本国情和主要矛盾的关系。基本国情决定主要矛盾，同时主要矛盾决定根本任务。我国当前的根本任务是沿着中国特色社会主义道路，集中力量进行社会主义现代化建设。新时期青年应顺应这一历史潮流，投身于解决这一社会根本矛盾的历史进程中，"撸起袖子加油干"，为实现祖国的富强、人民的幸福而努力奋斗，找到职业生涯发展的根本方向。

（三）对域情认知不透彻

对世界的认知与了解、对我国国情的认知和把握，会影响新时期青年的职业趋向与发展，同样对一个青年的生活与成长起重要影响的是其所处的地域实际与发展水平。笔者在调查和收集资料的过程中，明显感觉到我国东部沿海地区和中部地区、西部地区、东北地区青年在职业生涯发展和职业生涯发展规划方面存在明显的差异；城市青年与农村青年，在职业取向上也存在比较明显的差异。

总的来说，新时期青年所处时代，社会安定，政治稳定，经济发展，科技进步，并与全球化接轨，法治建设不断完善，文化繁荣自由，高尖新技术突飞猛进，区域经济社会发展趋于平衡，有利于职业生涯发展。

三、对职业价值认知存在的困惑

新时期青年在职业选择、职业生涯发展过程中普遍存在职业困惑。新时期青年处于社会转型期，受市场经济的影响与冲击，尤其是市场经济发展不完善、不规范带来的诸多社会问题，极大地冲击着人们的认知，尤其是青年群体，必然会随着社会的变化在价值观上发生复杂共振，冲击着他们的职业认知，在职业价值认知方面出现困惑，进而在职业生涯发展规划中出现偏差与错位。

（一）拜金倾向的困惑

改革开放以来的一段时间内，精致的利己主义思潮甚嚣尘上，“一切为了自己，一切围绕自己，一切向钱看”的拜金倾向影响了不少年轻人。学习到底为了什么，工作到底为了什么？只要能挣钱，什么都能干，什么都敢干，杀熟、宰客现象屡屡出现在公众视野，只要有钱，可以不择手段，不顾廉耻。一些人获取财富之后，任意挥霍，恣意妄为，曾经的7000万嫁女、天价午餐等社会不良现象冲击着人们的观念，扰乱了人们的价值理念，也造成一些青年职业价值观的混乱，严重影响了他们职业选择与职业生涯发展。

党的十八大以来，随着各项工作的规范，青年职业生涯发展规划中的拜金倾向，得到了比较好的纠正，拜金倾向再也不是新时期青年价值取向的依据，越来越多的青年认识到职业选择与职业生涯发展的价值所在。

笔者对这样一名高职生进行了访谈，该生毕业后，先在一家企业从事餐饮工作。做了一年多后，觉得收入过低，工作强度又比较大，就辞职应聘到一家房地产中介公司。工作一年多后，认为收入不稳定且低，就又辞掉房地产中介公司的工作。由于闲暇时间经常去社区麻将馆打麻将，就萌生了开一个麻将馆的想法，麻将馆投入不大，主要是房租，且可以分期缴纳。于是，他购买了四张麻将桌机，开起了麻将馆，但是真正干起来后，才发现客人并不多。百无聊赖之际，开始用玩比较大的金额来吸引客人，挣了些钱，但他因涉嫌赌博，被派出所处罚。在家人的劝说下，他开始反思自己，认识到一口吃不成个大胖子，更不能唯钱而动，一定要脚踏实地，点滴积累，才能真正过上好日子。他后来应聘做了一名出租车司机，虽然每天也很辛苦，但收入多了一些，更重要的是日子过得踏实，得到了家人的认可。目前，他正积极筹划购买一辆电动车，准备跑网约车，生活步入正途，脚踏实地开始规划自己的职业生涯发展了。

（二）唯感觉论的困惑

唯感觉论在新时期青年中，有不小的市场。他们对自身以外的事情不太关注，尤其是一些独生子女，家庭条件普遍不错，从小受呵护，缺少社会价值观念，没有责任感和担当意识，对自己未来的选择，尤其是职业选择、职业生涯发展思考不多，认为“车到山前必有路”，一切唯感觉，有些人甚至躺平，向往佛系生活。

笔者在社区走访调查的过程中，遇到这样一个青年，考大学前，家长抓得严，督促得紧，考取了山西一所不错的大学。上大学后，虽然离家近，但家长希望他住校，多和同学们接触，该同学感觉一下子自由了，在大学玩得不亦乐乎，谈了一场恋爱，跑了不少地方，过得悠闲潇洒。即将毕业，家长督促他考公，但是大学四年过度放松唯感觉，真不是一天两天能弥补回来的。他学习的是化学专业，虽然能顺利毕业，但自觉考研希望不大，兴趣也不足，考公又觉得离自己的专业比较远，自己也没有信心，开始迷茫困惑起来。

古人云："水性虽能流，不导则不通；人性虽能智，不教则不达。"青年的价值取向决定了未来整个社会的价值取向，对新时期的中国青年来说，人生的扣子从一开始就要扣好，只有教育引导青年正确认识世界，全面了解国情，把握时代大势，才能推动他们脚踏实地走上大有作为的广阔舞台，只要我们对新时期青年坚持关心厚爱和严格要求相统一，坚持尊重规律和积极引领相统一，该鼓励的鼓励，该纠正的纠正，该包容的包容，努力做他们锤炼品格、学习知识、创新思维、奉献祖国的引路人，他们的未来一定会更加美好。

（三）唯兴趣论的困惑

有一些新时期青年，任性而为，只凭兴趣爱好，不能客观地、实事求是地看待职业、认知自我，没有综合考虑自己的知识基础、知识结构、家庭环境、社会环境等，只看重个人喜好，而不管不顾现实条件，造成自己的职业选择与职业生涯发展规划不切实际，像空中楼阁一样，人到中年，却不得不做调整，重新开始，甚至落得职业生涯发展失败，人生失意。

有这样一个青年，快 30 岁了，他有一个梦想，想成为一名医生。他从小体弱多病，崇拜医生，但是阴差阳错，大学学习的是行政管理专业。由于不喜欢自己的专业，在大学期间，他经常旷课，学习不上进，还休学了一年，在学校教师和家人的多次干预劝说下，勉强大学毕业。由于不喜欢自己的专业，老想从事医学工作，他开始在家里自学医学知识。家人觉得他年龄偏大了，老在家里也不是回事，就劝他出去工作，同时让他把医学作为一门爱好和兴趣来对待，但他一直想把医学当作自己的专业，与家人产生了很多矛盾。他现在从事一些社区服务工作，业余时间就看一些医学方面的书籍，职业生涯发展一直不清晰，对自己的认知不准确，对职业的认知也不准确，单凭自己所谓的兴趣一意孤行，可能难以取得职业生涯的良好发展。我们都知道，医学专业需要长期的学习和培训，同时需要临床实践，单靠一点医学知识很难成为一名医生，而且他的知识结构、工作经历、家庭背景，都没有相应的支撑，因而他把自己的职业梦想定位为医生，从现在来看，是不切实际的，也是难以实现的。

在职业生涯发展中，有些青年不切实际，希望自己成为明星、大企业家等，而不是根据自己的实情，单靠兴趣来找工作，与自己的真实能力背道而驰，难以取得职业生涯发展成功。

综上所述，新时期青年在职业选择、职业生涯发展中存在的困惑，成因是复杂多样的，而每个青年，因有自己独特的发展路径、独特的想法，造成困惑的原因也是独一无二的。我们要具体了解分析每个青年的实际情况，帮助他们实事求是地、科学地选择职业，规划职业生涯发展，才能帮助他们成为有理想、有担当的社会力量，社会发展就更有保障，国家就更富强，民族就更有希望。正如习近平总书记指出的那样："历史和现实都告诉我们，青年一代有理想、有担当，国家就有前途，民族就有希望。"我们相信，新时期青年能更现实地选择适合自己的职业，科学地规划自己的职业生涯发展，中华民族伟大复兴中国梦一定能变为现实。

第六章 新时期青年如何做好职业生涯发展规划

第一节 影响职业生涯发展的因素

通过对新时期青年职业生涯发展存在问题的梳理，我们明晰了新时期青年职业生涯发展规划出现一些偏差的原因。那么，哪些因素影响青年的职业生涯发展规划呢？笔者认为影响新时期青年职业生涯发展规划的因素很多，概括起来主要有以下几个方面：

一、社会因素

社会因素是影响新时期青年职业生涯发展的重要因素之一，它制约或促进一个人的职业生涯发展。社会因素比较复杂，可以从以下几个角度来梳理分析：

第一，是经济发展水平。我国已经全面建成小康社会，经济总体水平得到了较大发展，经济总量位居世界第二，但是经济发展不平衡、不充分的矛盾依然比较突出，京津唐地区、长三角地区、大湾区、成渝经济圈地区，以及一些省会城市，经过长期的建设与发展，经济发展水平普遍较高，聚集了各类企业，产业集中，资源丰富，市场繁荣，有大量的就业需求，个体的机会较多，有利于一个人的职业选择与职业生涯发展，而在我国广大的中西部地区，在东北老工业等地区，在我国的广大中小城镇、农村地区，经济发展还比较落后，产业链不完整，人口流失严重，各类企业较少，市场不景气，消费不足，基础设施建设不完善，资源较少，个体的职业选择会受较多限制，职业生涯发展存在诸多困难。

第二，是社会文化环境。社会文化环境主要指一个社会的教育水平高低，也包括社会设施水平、长期形成的观念等。社会教育水平较高，人们就普遍重视教育的投入和产出，个人能受到良好的教育，知识、技能就可能得到较好发展，个人的职业生涯发展就拥有了更多资源，发展就可能比较顺利一些。同时，社会也为新时期青年的发展，提供了较好的文化环境。社会的公共文化投入较大，人们就能便捷地享受到丰富的公共文化资源，从而为职业生涯发展打下良好的基础，创造出更多的机遇，个体职业选择的机会就比较多，争得职业生涯良好发展的概率就大得多。再有，就是一个社会长期沉淀形成的观念与认知，一个社会长期开放，人们的观念就比较开放，对外在世界、社会发展、生活认知等就比较深刻与开放，这样的社会文化环境有益于人们的职业选择与职业生涯发展，而在社会文化环境比较闭塞的地区，社会教育投入不足，教育现代化程度较低，社会公共文化设施投入不足，人们难以享受到较好的公共文化资源，个人的职业生涯发展就会受到较多的限制。

第三，是政治体制机制。一个国家和地区的发展，经济是基础，政治是经济的集中反映，但是政治制度一旦建立与运行，就会极为深刻地影响经济与社会的发展、人们的需求与消费及职业选择与职业生涯发展。同时，政治体制机制还会影响社会价值取向，也深刻地影响人们的价值认同，进而直接影响一个人的职业选择和职业生涯发展。新时期我国的政治体制和机制极大地推动了经济的发展与社会的进步。这种政治体制机制，既体现了人民当家做主的愿望，又能广泛凝聚智慧与力量，极有利于新时期青年的成长，也非常有利于他们的职业生涯发展。

第四，是社会价值观念。社会价值观念是在社会发展过程中逐渐形成的，体现一个社会的经济、政治、文化、传统等特征，并随着社会经济文化的发展而变化。一定时期的社会价值观念，极为深刻地影响人们的思维方式、生产方式和行为模式，也深刻地影响个体的价值观、职业选择及职业生涯发展规划与职业成功。

一个人从呱呱坠地就会受到他所处生活环境的影响，既有社会大环境的影响，比如经济、政治、社会、文化等，又有自己生活小环境的影响，如生活区域、家庭环境、成长环境、周围生活环境等，可以说，人们的各种选择、决定，都受自己价值观念的影响。一个人的发展，就是在社会的影响下，在社会主流价值观念的引导中，逐渐发展、成熟的。从中我们也可以看出，一个国家、一个区域人们的价值观念，深刻地影响着一个人的职业选择与职业生涯发展。

二、组织因素

一个人服务的组织与单位，对他的职业生涯发展影响巨大，可以说，大多数人的职业生涯发展成就与过程，都是通过服务于一个或几个组织（单位）来完成的。组织的结构、组织的文化、组织的管理体制、组织的运营模式，甚至组织的管理者、组织中的群体行为模式等都对他的职业生涯发展产生较大的影响。

第一，组织（单位或企业）的文化。组织（单位或企业）文化决定了一个组织(单位或企业)如何看待自己的员工,如何管理员工，也决定着一个组织（单位或企业）成员之间的关系，从而影响甚至决定一个组织（单位或企业）成员的职业生涯发展，所以一个人的职业生涯发展，是被组织（单位或企业）文化所左右的。

笔者遇到这样一个青年，大学毕业后，通过参加考试，成为山西省一个效益比较好的国有企业的员工，但是这个国有企业内部关系比较复杂，存在一定的论资排辈现象，企业文化比较重视员工的资历。这个青年来自农村，上的是山西的一所重点大学，大学表现也比较优秀，通过努力考进这个企业，但是上班以来，按部就班的工作和比较复杂的人际关系，内部比较严格的管理制度和重视资历的文化氛围，给了他不小的压力。在谈到自己的职业生涯发展规划时，他显得非常颓废，觉得自己怀才不遇，得不到企业重用。从他的职业困惑中，笔者明显地感受到，一个组织（单位或企业）的文化氛围、管理模式，对一个青年的职业生涯发展会产生重要影响。

第二，组织（单位或企业）的管理制度。一个人的职业生涯发展，从组织的视角来看，最重要的影响是管理体制、制度，一个组织（单位或企业）如何来管理员工，如何晋升员工，如何考核员工、奖励员工、惩戒员工等这些管理制度，极为深刻地影响员工的积极性、创造性及行为和对组织的认同感、归属感。科学合理的管理体制机制，容易使优秀者脱颖而出。完善的管理模式，不仅有利于组织（单位或企业）发展，也有利于员工的职业生涯发展，毕竟一个人的职业生涯发展，最主要的依托就是服务的组织。

第三，组织（单位或企业）管理者的行为与理念。一个组织（单位或企业）发展，关键在管理者，尤其是一把手，他们的言行，他们的管理方式、思路、理念，深刻地影响组织（单位或企业）发展。我们常说："一个企业的发展，小企业靠老板，中小企业靠管理，大型企业靠文化。"道出了管理者的重要性。一个组织（单位或企业），如果管理者不重视人才培养，那么员工的职业生涯发展就比较困难；如果管理者重视人才培养，认为员工是组织（单位或企业）发展的根本，那么员工的职业生涯发展就比较顺畅。

三、自身因素

（一）性格与职业

人的性格多种多样，各有特色。有的人性格外向，大大咧咧，不拘一格；有的人性格内向，谨小慎微，细致入微；有的人性格表面上看起来粗狂豪爽，善于交际，但实际上性格细微，羞怯内向；有的人性格表面上看起来内敛平静，但内心热情似火；有的人性格表面上看起来急躁冒进，但内心沉着冷静。性格没有好坏之分，也没有优劣之分，但是在实际的职业生涯发展过程中，确实存在某种性格更适合一些工作，或者说具有某种性格特征的人，从事某些工作更适合，更有利其的职业生涯发展与成功，而具有某种性格特征的人，就不太适合从事某些职业，或者说性格特征和职业需求有一些差异，自己的性格不太适合职业需求，不利于职业生涯发展成功。

职业心理学的研究表明，人的性格应该和职业需求相匹配，这样更有利于一个人的职业生涯发展。

现在国内研究职业与性格关系的大多数专家学者都比较认可的职业性格，有如下九种基本类型：

第一，变化型。具有这种职业性格的人，容易适应新环境。当在工作中出现新情况、新问题，面对新环境、新同事、新领导时，不仅不会不安与烦躁，反而感到身心愉悦，很快进入角色，喜欢有变化、多样化的工作，注意力、专注力的转变比较快。具有这种性格的人，比较适合从事一些如记者、市场推销员、保险营销员、影视演员等处于频繁变化环境中的职业。

第二，重复型。具有这种职业性格的人，在工作中突出表现在，个体比较适合重复性、规律性、标准性的工作，适应提前设置好的、比较固定的，或者设计好的工作模式。具有这种性格特征的人，比较适合从事固定或重复性的工作，如纺织工、机床工、印刷工、电影放映员、文字资料录入人员、档案管理人员、图书管理人员等。

第三，服从型。具有这种职业性格的人，个体希望按领导或他人的要求工作，愿意配合他人的工作，自己不愿意独立决策和独自承担工作责任，而愿意被动地从事工作，不愿意做决策、担责任。这些人员比较适合从事被动和操作性的工作，如办公室职员、秘书人员、企业中的固定工种、从事外事活动的翻译等。

第四，独立型。具有这种职业性格的人，喜欢计划自己的活动和指导别人的活动，喜欢对未来的事情做决定，在独立负责的工作情境中感到愉快。具有这种职业性格的人在职业选择中，愿意选择管理工作，如企业管理人员、行政管理人员、自由职业者，或者自己独立创业，成为一名企业主等。

第五，协作型。具有这种职业性格的人，在与人协同工作时感到愉快，愿意与人合作，合作意识较强。在工作中善于引导别人，并想得到同事们的认可与喜欢。具有这种职业性格的人比较适合做社会工作、接待人员或某一行业的咨询人员等。

第六，劝服型。具有这种职业性格的人，在工作中善于沟通交流，根据他人的实际情况，影响或改变他人，使他人接受或者同意自己的观点。具有这种职业性格的人比较适合做学校的辅导员，各级各类司法协调人员，各种组织中的思想政治教育工作者、宣传员，以及作家等。

第七，机智型。具有这种职业性格的人，在紧张和危险的情况下，比较冷静，能自我控制，沉着应付，出色地完成任务。具有这种职业性格的人比较适合做驾驶员、飞行员、公安人员，以及消防员、求生员等。

第八，自我表现型。具有这种职业性格的人，喜欢抛头露面，愿意成为焦点，展示自己的才能，表达自己的观点，在群体中希望成为中心，愿意带动和影响他人，希望得到大家的认可与赞誉等。具有这种职业性格的人比较适合做演员、作家、音乐家、画家等。

第九，严谨型。具有这种职业性格的人，比较注意细节，思维严谨，逻辑性强，在工作中规划性强，严格按照规划的步骤和设计环节来做，对人、对事、对结果要求严格等。具有这种职业性格的人比较适合做会计、出纳、工程制图人员、统计人员，以及校对人员、质量检测人员、档案管理人员、打字员等。

以上九种职业性格类型中，一个人往往同时具备 1—2 种职业性格，甚至更多。对一个具体的工作而言，也不是说只有一种职业性格类型适合，可能多种性格类型都适合于这一工作，在性格类型和工作适合性方面，存在着多对一、一对多、多对多的现象，而且这种现象相当普遍。况且，随着社会的发展、阅历的加深、经验的丰富，一个人的性格是发展变化的，今天可能不适合，并不代表未来不适合，因而在做具体的职业选择时，应根据实际情况，有针对性地予以甄别。

（二）兴趣与职业

兴趣是一个人在成长过程中逐渐形成的，对某些方面和某些东西形成高度关注，身心愿意或者喜好这些事务或方面，凝聚着一个人的生理、心理聚焦点。兴趣对一个人的生活影响巨大，如果一个人对某些方面感兴趣，那么他就会全身心地投入，不知疲倦，但是如果一个人对某些方面不感兴趣，那么他就会味同嚼蜡，难以全身心地聚焦，难以长时间地全身心投入，工作效率就会低下。近年来，专家学者根据一个人的兴趣类型与特征，提出了与之相适应的以下几种职业类型：

第一，擅长与物打交道。具有这种兴趣爱好的人，喜欢接触器具、工具或数字，不太擅长与人打交道。具有这种兴趣爱好的人比较适合从事一些技术工作，尤其是各种制作类型的工作，如手工艺制作者、各种修理工作、设计工作等。

第二，擅长与人打交道。具有这种兴趣爱好的人，喜欢与人交往，善于沟通交流，能影响劝服他人，与他人交流沟通时，能被激发出热情，而不喜欢和具体的事物打交道。具有这种兴趣爱好的人比较适合从事管理、心理咨询等工作。

第三，擅长与文字打交道。具有这种兴趣爱好的人，喜欢常规的、有规律的活动，长于严谨的工作，习惯在预先安排好的程序下工作，愿干有规律的工作。具有这种兴趣爱好的人比较适合从事有规律的工作，以及一些文字处理工作，如办公室文员、财会人员、审计人员等。

第四，擅长与大自然打交道。具有这种兴趣爱好的人，喜欢地理地质类的活动，喜欢大自然，愿意从事野外工作。具有这种兴趣爱好的人比较适合从事如地质勘探、野生动物保护、野外植物物种调查、钻井、护路、边防巡查等工作。

第五，愿意做农业、生物、化学类工作。具有这种兴趣爱好的人，喜欢种养、化工、动植物等方面的一些工作。具有这种兴趣爱好的人比较适合从事农业技术、生物工程、养殖业等工作。

第六，愿意做慈善类型的工作。具有这种兴趣爱好的人，心地善良，充满爱心，乐善好施，具有高度的责任感和同情心，从内心深处同情弱势群体，希望通过自己的努力，帮助别人排忧解难。具有这种兴趣爱好的人比较适合做医生、社会工作者、心理咨询师、社会福利人员等。

第七，愿意做组织和管理工作。具有这种兴趣爱好的人，喜欢掌管事情和做决策，喜欢指导、影响、改变他人，以发挥重要作用，希望受到他人的尊敬和获得声望，善于沟通交流、协调指导，愿意做领导和组织工作。具有这种兴趣爱好的人比较适合做行政人员、企业管理者、学校领导、社会组织管理人员、高校辅导员等。

第八，愿意研究人的行为和心理。具有这种兴趣爱好的人，喜欢谈论人的主题，如人生、人性，对人的行为举止和心理状态感兴趣。具有这种兴趣爱好的人比较适合从事心理学工作，如做社会科学研究人员、社会科学教育工作者等。

第九，愿意做科学研究工作。具有这种兴趣爱好的人，善于理性思维，擅长理论分析，爱独立思考问题，能独立解决问题，思路清晰，逻辑性强。具有这种兴趣爱好的人比较适合从事化学、生物、工程学、物理学、建筑工程技术、科学研究等工作。

第十，擅长创造性的工作。具有这种兴趣爱好的人，思路开阔，具有创造性，好奇心强，有冒险精神，擅长解决抽象的问题，喜欢探索研究新事物。具有这种兴趣爱好的人比较适合从事科研、演艺、设计等工作。

第十一，擅长机器操作工作。具有这种兴趣爱好的人，喜欢通过一定的技术来进行活动，喜欢使用工具，尤其喜欢探究、操作各类机器设备。具有这种兴趣爱好的人比较适合从事机械制造、飞行、驾驶、机械加工等工作。

第十二，愿意从事具体的工作。具有这种兴趣爱好的人，喜欢制作看得见、摸得着的产品，对做具体工作获得认可感到满足。具有这种兴趣爱好的人比较适合从事美容美发、餐饮等工作。

一个人的兴趣爱好比较广泛，可以同时对应多种工作，同样一项工作可能和多个兴趣类型相对应。在实际的职业选择和职业生涯发展中，新时期青年要考虑自己的兴趣与职业的对应，也应该考虑兴趣的多样性，选择适合自己的职业，合理地规划自己的职业生涯发展。

（三）能力与职业

能力是经过长期的学习、练习、积累而形成的，是选择职业、发展职业的基石。可以说，一个人之所以选择并从事某种职业，前提是已经具备了某种能力。一个人职业生涯发展成功，依靠的必然是自己的职业能力，而职业能力是在长期的学习、培训、实践过程中，逐步形成的胜任某一种职业工作的能力，通过职业角色表现出来。比如，有这样一个社区工作者，他是中部地区一所重点大学的毕业生，学习的是社会工作专业。毕业后，他回到老家山西，在太原市的一个社区，从事社区管理与服务工作，经过短短的一年，已经担任社区居委会主任。因为他本人在校期间已有相关专业四年的学习与积累，考取了社会工作师资格证书，具备了从事社区管理与服务工作的能力，因此他很快便脱颖而出，在工作中取得了不错的业绩。

职业能力，通俗地来讲，就是做好某件事情或完成某项任务的本领。一个人的职业能力，由一般能力和特殊能力组成。一般能力主要指一个人的智力、体力等。特殊能力指做某项工作只有其可以胜任的能力，也可称特长。

青年在选择职业、规划职业生涯展时，一定要注意选择和自己一般能力、特殊能力都匹配的工作，尤其是注意发挥自己的特殊能力。比如，有些人擅长管理工作，有些人擅长技术工作，有些人擅长文字工作，有些人擅长体力工作，有些人擅长语言工作等，发挥自己的优势，易获得职业生涯发展成功。要注意选择和自己能力相对应的工作，也就是要选择适合自己能力水平的工作，不要大材小用，也不要小材大用。大材小用，能力得不到好的发挥，自己感到很屈才，工作憋屈，难以长久坚持与发展，而小材大用，选择远远超越自己能力的工作，不仅难以胜任，自己也会压力巨大，难以取得成就。

青年小靳，本科毕业于山西的一所重点师范大学，学习的是思想政治教育专业，经过努力，又考取了山西一所重点大学的思想政治教育研究生。研究生毕业后，他到人才市场去应聘，看到一所私立中学正招聘教师，于是他向这所学校投了简历。学校看了他的简历后，很看重他，马上就决定让他到学校来试讲。小靳试讲过后入职这所学校担任政治老师。上了一学期课之后，小靳意识到该校文理分科，理科生学政治理论课的热情不高，感觉发挥不出自己的特长，工作的获得感、满足感都不足，感觉有劲无处使，感到很迷茫。第二个学期他有一次路过母校时，看到一个著名的考研培训机构招聘教师，小靳考研时报过培训班，接受过考研培训，他突然有了到培训机构当教师的激情和冲动。他记下联系方式，应聘培训教师，很快培训机构就通知他去试讲，并被录用。在这个著名的培训机构，他先坐课，跟随有经验的教师培训了一轮，很快通过考核独立授课。由于对政治理论非常有兴趣，再加上讲授过程中学生的学习积极性很高，互动也很好，小靳热情高涨，激情满满，感觉此职位非常适合自己，真正是“适人适位，适才适用”。

第二节　做好职业生涯发展规划

明晰了职业生涯发展规划的影响因素后，就可以根据自己的专业知识、兴趣爱好、职业生涯发展目标、家庭情况、服务组织等方面的实际，借助一定的方法与手段，来设计与规划自己的职业生涯发展。当然，也可以借助专门的职业生涯发展规划机构或专家，让他们帮助我们设计和规划自己的职业生涯发展。结合新时期青年的特点和职业生涯发展的理论知识，笔者为大家介绍一种简单的方法，来帮助新时期青年做好自己的职业生涯发展规划。

一、为什么要做职业生涯发展规划

一个人做好职业生涯发展规划，至少会带来以下益处：

第一，通过做职业生涯发展规划，可以减少许多焦虑与情绪波动。

第二，通过做职业生涯发展规划，工作效率更高，更易获得成就。

第三，通过做职业生涯发展规划，不易让自己受外界各种诱惑的干扰，专注于自己的工作。

如果一个人年轻时能科学合理地规划自己的职业生涯发展方向与路径，那么这个人的职业生涯发展就可能顺利些，可能更好地实现职业生涯发展成功；如果一个人对自己的职业生涯发展规划不明晰，则职业生涯发展可能比较曲折，容易陷入困惑，但也不能说，做好职业生涯发展规划就必然会获得职业生涯发展成功，没有做好职业生涯发展规划就必然导致职业生涯发展不成功，只能说一个人科学合理地做好自己的职业生涯发展规划，就更有于他的职业生涯发展成功。

大多数学者认为，一个人的职业生涯发展历程大体经过如下几个阶段：

第一阶段，尝试期（12—20 岁左右），这一阶段的主要特征为主动思考、主动规划还是随波逐流、随遇而安。

第二阶段，积累期（20—25 岁左右），这一阶段的重点是要坚持，轻易不做大的职业方向性调整，锚定设想的目标，努力学习和培训，掌握职业生涯发展必备的知识与技能。

第三阶段，攀登期（25—35 岁左右），这一阶段是一个人职业生涯发展的起步期、关键期，特点是职业生涯发展可能出现波折或取得成绩，当然也可能没有达到预期目标。

第四阶段，发展期（35—50 岁左右），这一阶段的主要特征是职业生涯发展达到预期目标或不尽理想，和预期相差较大，甚至颓废。

第五阶段，成熟期（50—55 岁左右），这一阶段的主要特征是职业生涯发展进入守成期，尽最大努力保持工作的连续性、发展的稳定性，当然也有可能抱残守缺。

第六阶段，总结、顾问期（55—60 岁左右），这一阶段的主要特征是职业生涯发展进入退出期，我国现阶段，退休年龄一般男 60 周岁、女 55 周岁（女性如果是处级以上职务或高级职称，可以 60 岁退休），开始准备从工作中退出，着手传授经验，进入传帮带阶段，当然也可能以老经验阻碍青年创新发展。

第七阶段，退休期（60 岁以后），这一阶段的主要特征是从职业工作中退出，开始进入人生的新阶段，绝大多数人回归家庭，过上退休生活。

二、做职业生涯发展规划应遵循的原则

（一）实事求是

要做好职业生涯发展规划，最重要的就是要从自己的实际出发，客观准确地认知自我，包括生理特征、心理特征、兴趣爱好、知识技能、环境支撑、特长优势、欠缺不足，绝对不可好高骛远，但也不妄自菲薄，在了解职业、组织的情况下，制定自己的职业选择、职业生涯发展目标、职业生涯发展路径。

（二）切实可行

要做好职业生涯发展规划，就要对自己的职业生涯发展目标有一个明晰的界定，目标切实可行，发展路径科学合理。要做到职业生涯发展和自己的知识、能力相吻合，和自己所处的客观条件，尤

其是自己的现实条件、家庭条件等相对应，制定的职业生涯发展目标是自己的条件所允许，可通过自己努力实现。

王同学来自县城边的一个农村，家里生活条件比较艰苦，爸爸长期卧病在床，还有一个弟弟、一个妹妹，主要生活来源是妈妈。虽然他妈妈非常支持他大学毕业后继续求学，考取研究生，在学术方面更上一层楼，但笔者认为，他的这种职业生涯发展规划不太切合实际，没有从自己的实际出发。3 年的研究生学习，对他妈妈是一个巨大的经济压力，甚至会影响到弟弟妹妹的求学之路。我们每一个人的职业生涯发展，都应该建立在实事求是的基础上，不应该把自己的发展、幸福，建立在他人的辛苦、痛苦之上，他的职业生涯发展规划不切实际，笔者建议他在大学期间勤工俭学，减轻家庭负担，毕业后先找一份合适的职业，自食其力，适当积累一些财富，当有了一定的经济基础后，再继续深造，考取研究生，实现自己的职业梦想。

（三）与组织目标相一致

一般而言，一个人的职业生涯发展，总是在一定的组织（单位或企业）中实现的，个人的职业生涯发展规划最好和组织（单位或企业）的发展目标相一致，这样最容易实现自己的职业梦想，也是组织（单位或企业）最看重的，一个组织（单位或企业）最理想的状态就是让员工的职业生涯发展规划和自己的发展目标相一致，这样既能让组织（单位或企业）发展壮大，也能更好地实现员工的职业生涯发展。

如果一个人的职业生涯发展规划和组织（单位或企业）背道而驰，那么要不调整自己的职业生涯发展规划，要不调整自己服务的组织(单位或企业),因为和组织(单位或企业)的发展目标完全相反，或是不着边际的目标，很难在组织（单位或企业）中实现，甚至不能在组织中立足。有这样一个刚毕业的大学生，在山西的一个大型企业做设计工作，虽然他毕业的学校不错，自己的专业基础也不错，但是刚毕业，他就希望尽快进入企业的管理层。这种规划，笔者认为是难以实现的，毕竟，这家企业是比较大的国有企业，人才济济，作为一个刚毕业的大学生，不宜把担当重要的管理工作确定为自己的短期职业生涯发展目标。

三、做职业生涯发展规划的方法

做职业生涯发展规划的方法很多，除了机构和专家专门设计的职业生涯发展规划方法外，还有一些专门的职业生涯发展规划软件，这些测评软件，广泛地影响着一些年轻人，尤其是在高考填报志愿和大学毕业找工作的过程中。当然，机构和专家进行的职业倾向测评和职业生涯发展规划建议都有一定的可取之处，但是要花费较多的资金，对于年轻人来说，还没有工作，经济来源主要靠家人，再拿出不菲的资金来进行职业测评与职业生涯发展规划，就显得捉襟见肘了，而且由于对职业生涯发展认识的不足，很多测评不一定能真实地反映青年人的实际。

同时，职业生涯发展规划是一个长期的过程，要在职业活动过程中慢慢形成与发展，甚至一些职业生涯发展要在职业实践过程中不停地做出调整。新时期青年稍加学习一些职业生涯发展理论，结合自己的实际，采用一些简单易行的方法和知识，就能大体规划出自己的职业生涯发展路径。下面，笔者给青年人介绍一种简单的做职业生涯规划方法，可以称之为五个问题归零思考法。

五个问题归零思考法要问的五个问题如下：

第一个问题，我是谁？

第二个问题，我想干什么？

第三个问题，我能干什么？

第四个问题，环境允许或支持我干什么？

第五个问题，我的职业生涯发展规划是什么？

这五个问题，按照重要性进行排序，再将职业生涯发展规划划分为人生规划、长期规划、中期规划、短期规划，对目标进行细化，就能大体形成自己的职业生涯发展规划。

现在可以按照上面的问题来测试一下自己的职业生涯发展规划。

第一步，拿出若干 A4 纸、几支铅笔、一把尺子和一块橡皮。

第二步，先拿出五张 A4 纸，在每张纸的最上边，按照同样的格式、标准分别写出以上五个问题。

第三步，也是就重要的，就是大家找一个比较安静的环境，排除所有干扰，认真地回答每一个问题。

（一）第一个要回答的问题："我是谁？"

回答此问题可以参考以下提示：安静下来，仔细思考，面对真实的自己，实事求是地，客观梳理自己的现状，逐项描述真实的自己，从生理特征、心理特征、爱好兴趣、客观现状、特长优势、欠缺不足、真实需求等方面，一一作答，面对自己，展现一个真实的自己。记录完成之后，再逐个对照审视，看看有没有遗漏，再拿一些 A4 纸，按照自己认为最重要的顺序来梳理。笔者帮助张同学做职业生涯发展规划时，在回答"我是谁"时，他列出了自己的状况：

（1）我是山西"双一流"高校的一名学生。

（2）我的专业是软件工程，目前大三，已经掌握了软件工程专业的基础知识。

（3）我喜欢自己的专业，准备以后从事本专业工作。

（4）我的英语水平不错，已经取得了国家大学英语六级资格证书。

（5）我已经考取了驾照，已经可以驾驶小型汽车，只是还不太熟练。

（6）我的家庭条件还可以，父母在县城工作，父亲是公务员，母亲是医院专业技术人员，就我一个孩子。家人已经在老家购买了两套住房，都是 120 多平方米，足够父母和自己未来成家居住。

（7）父母年龄都还不大，40 多岁，身体健康，只要我愿意继续深造，他们表示全力以赴支持我。

（8）我谈了一个女朋友，她来自县城，与我同校，但专业不同，她学习的是英语专业。

（9）我非常喜欢我的女朋友，她也喜欢我，我们相处得不错，以后想和她结婚，永远地一起走下去。

……

张同学列出了近 21 个自己的真实状况，并且按照重要性做出了排序。

（二）第二个要回答的问题：“我想干什么？”

回答此问题可以参考以下提示：沉下心来，仔细回忆，从自己小时候想成为一个什么样的人开始回忆，自己从小想干什么，原因是什么，随着年龄的增长，自己想成为一个什么样的人，想干什么的想法改变没有。在自己成长的过程中，始终不变的梦想是什么，最想完成什么样的目标，自己真心向往的生活是怎样的。当然，重点是现在自己最想干什么，自己想要的生活是什么，把这些一一记录下来，按照自己最想干的、最重要的来梳理，并进行排序。

张同学在回答“我想干什么”这个问题时，列出了他的答案：

（1）我想到大城市工作和生活，不想回老家的县城。

（2）我的父母都在体制内工作，我以后也想在体制内工作。

（3）我想和我的女朋友早日步入婚姻的殿堂，过上幸福的家庭生活。

（4）我想考上研究生，在软件方面继续深造。

（5）我想在父母年龄比较大时，把他们接到自己身边生活和照顾，但是我结婚后，我不太想和他们在一起生活。

（6）我想在大城市买房，但现在自己没有这个能力，但是在太原购房的话，父母能够轻松资助购房首付。

（7）当然我也想在北上广深等特大城市发展，只是对房价有些发怵。

……

张同学列出了17个自己的真实需求和想法，并且按照他自己认为的重要性依次做了排序。

（三）第三个要回答的问题“我能干什么？”

回答此问题的要点可以参考以下提示：面对真实的自己，尤其是自己的知识、技能、能力，把确实能证明的能力、得到社会和他人认可的能力，还有自认为还可以开发出来的潜能、潜质，都一一列出来，按自己认为的重要性排序。

张同学在回答“我能干什么”这个问题时，他给出的答案是：

（1）我是一名“双一流”高校的大学生，毕业后，相信凭借学校品牌和专业知识，能找到一个与计算机相关的工作。

（2）我已经掌握了比较扎实的软件工程专业基础知识，能熟练进行计算机相关操作。

（3）英语水平较高，已经取得国家大学英语六级资格证书，英语阅读能力比较强，但口语交流能力有待进一步提升。

（4）自己英语水平比较高，专业学习也非常努力，相信继续努力，可以考取软件工程方面的研究生。

（5）已经取得小型车驾驶执照，基本可以驾驶小型汽车，不过有待进一步熟练。

（6）从小生活在小县城，身体健康，身体机能和协调性好，能吃苦，不乱花钱，积累财富的思想观念较强。

（7）学习、生活、工作的积极性较高，有激情，在大城市工作、生活的意愿和热情较高，愿意拼搏奋斗。

……

张同学把自己确实可以证明的能力和自认为还可以开发出来的潜能都一一列了出来，共 19 项，并按照他自己认为的重要性依次做了排序。

（四）第四个要回答的问题：“环境允许或支持我干什么？”

回答这个问题可以参考以下提示：在回答这个问题时，要做一下分析，这里所说的环境，主要包括家庭环境、组织环境、区域环境、社会环境等，从大处着眼，小处着手，只要认为自己有可能借助的环境，有可能得到支撑的条件，都在考虑的范围内。只要是可能受到环境制约，或者说是受环境限制的，也应该认真考虑。全方位地梳理客观环境和各种条件，列出自己可能得到的外在环境与条件的什么支撑，哪些允许，并一一记录下来，把这些内容和条件，按自己认为的重要性排序。

张同学在回答“环境支持或允许我干什么”这个问题时，按重要性排列如下：

（1）家庭条件还可以，能够在较长时间（10年以内，父母再过10多年才退休，退休前不用自己负担家庭开支）支撑自己继续深造，但局限于国内上硕士研究生和博士研究生，没有条件出国留学。

（2）虽然自己很想和女朋友结婚，但女朋友也有考研的想法，组建家庭应该在五六年之后了。

（3）自己愿意到体制内工作，这也是父母和女朋友的心愿。在北上广深等大城市买房的可能性不大，就业意向城市首选山西省会太原。

（4）继续深造考虑去北京或周边省会城市（西安）的“双一流”高校，但就业和工作依然希望在太原。

（5）比较喜欢自己所学专业，而且已经考取了国家大学英语六级资格证书，继续努力，考取研究生应该困难不大。

（6）研究生毕业后，想考取省级公务员或省级事业单位，也有进一步深造的想法。

……

张同学列举了16项内容，都是自己经过深思熟虑和思考的结果。

（五）第五个要回答的问题：“我的职业生涯发展规划是什么？”

回答这个问题可以参考以下提示：先把梳理好的前四个问题的纸张一字排开，同时，准备好第五张纸，仔细比对每一个问题的答案，拿尺子将回答内容相同或相近的答案用一条横线连起来，会得到几条连线，其中有一些连线不与其他连线交叉，且又处于最上面，就是最符合自己实际需求、真实发展的方面，在第五张纸上把这些回答认真标识出来，就是你应该认真去做的事情，职业生涯发展就应该以此为方向。

确定了自己的职业生涯发展方向，就可以规划自己的职业生涯发展了。先以自己的职业选择与职业生涯发展目标为总方向，在此方向上，提出大的时间规划，人生规划、长期规划、中期规划、短期规划（人生规划一般为40年左右，长期规划一般为5—10年，中期规划一般为3—5年，短期规划一般为3年以内），把自己的职业生涯发展目标分为几个长期目标，在第一个长期目标中进一步具体化，分为几个中期目标；在自己第一个中期目标的基础上，进一步具体化，分为几个短期目标，一般划分成2—3个短期目标。这样，就可以在最近的一个短期目标中具体分解任务，将最近的一个短期目标，按具体时间来明确任务。比如，把短期目标分解为每季度目标、每月目标、每周目标、每天目标。这样，每天都能对照目标进行努力，明白这一段时间的中心任务是什么，知道当前应该做什么而不应该做什么，也就不迷茫了，日积月累，积少成多，就能集腋成裘，只要我们规划得科学合理，锚定目标，一点一点努力，就没有完成不了的任务，就没有实现不了的职业生涯发展规划。

四、做职业生涯发展规划的注意事项

做职业生涯发展规划，需要了解职业生涯发展的相关理论，客观地认知自我，真实地认知职业，在实事求是地分析自己面对的现实环境基础上，运用科学的方法来规划。当然，在现实的职业生涯发展规划中，如果考虑得太多，往往易走入一些误区。比如，在规划中可能过度看重当前效益，忽视长远发展；或过于看重目前的稳定，忽略了未来可能的发展机会；或在实际发展中，努力了但看不到成绩，就开始不耐烦，怀疑所选职业生涯发展方向的正确与否，甚至轻易改变了方向等，出现这些情况，往往是因为我们在做职业生涯发展规划过程中规划得不切实际造成的。在进行职业生涯发展规划时，我们要摆正自己的位置，充分考虑各种可能出现的情况，在实际的发展与实施过程中，应注意以下几个方面：

（一）实事求是

在实际的职业生涯发展规划过程中，一定要注意从实际出发，客观地、真实地看待自己。首先，是客观地看待自己所处的环境，尤其是影响比较大的家庭环境、服务单位的组织环境、生活工作所在的区域环境等，从实际出发，分析自己所处的客观环境允许自己做什么，在一定阶段自己可以做什么，外在环境能支撑自己完成什么工作和发展。

其次，要客观地、实事求是地看待自己。自己的成长过程如何，自己的知识结构是什么样的，自己的性格如何，自己的兴趣爱好如何，自己的真实需求是什么，自己的真实目标是什么等，就是要认清真实的自己。当然，真实地认知自我也非常难，而且自我的各种能力、知识、目标、需求等也在不断发展变化，所以需要我们认真分析自我、剖析自我，同时根据各种因素的变化，适时调整自己的职业生涯发展规划，一步一步迈向自己的职业生涯发展理想。

再次，要客观地、准确地认知职业。对职业要有正确的认知，尤其重要的是，在选择职业生涯发展方向前，我们要全方位地了解、对比职业和岗位，将自己所具有的兴趣、爱好、知识、技能等与职业需求相对接，甚至做一些职业体验，尽可能全面地认知职业。同时，职业也是不停地发展变化着的，要随着职业的演变，做出适时的调整。

最后，制定职业生涯发展目标要实事求是。确定了职业生涯发展方向后，在制定具体的职业岗位时，不要过低，也不要过高，这些目标通过自己的努力，是实实在在可以达到的目标，这样职业生涯发展目标才可能实现。

（二）科学合理

在确定了职业生涯发展方向后，一般根据自己的职业生涯发展目标，确定职业生涯发展的人生规划、长期规划、中期规划、短期规划。在实际的操作中，我们要根据自己的实际，科学合理地来规划。对于新时期青年，职业生涯发展规划的周期要尽量短一些。因为青年时期发展变化比较大，认知自己、环境、组织、职业等都还不一定准确，规划得时间短一些，便于适时做出调整。

同时，在短期规划中，应进一步具体化，最好能够将任务具体到每周，甚至每天，这样操作起来就比较实在，既便于完成，又便于反思，目标的如期完成，也能给一个人极大的信心，积小胜而谋大目标，集腋成裘，终成硕果。

（三）留有余地

在做职业生涯发展规划时，不管是人生规划、长期规划、中期规划，还是短期规划，都要留有一定的弹性空间，留有余地。因为职业生涯发展规划首先是规划，规划就是根据现在的实际，在现有认知的基础上，对未来所做出的设想和安排。在实际的发展过程中，有可能出现这样或那样各种不可预料的情况，都有可能影响，甚至阻碍规划的实施，所以在做规划时，一定要留有余地，更好地实现自己的职业生涯发展。

五、新时期青年职业生涯发展规划案例

靳先生出生在一个小县城，他有一个小姨，比他大几岁，二人从小一起玩耍，感情较深。小姨大学毕业后与爱人一起到深圳创业，经过几年打拼，事业已有起色。小姨希望他也能来深圳工作，可以先跟着她干，但是靳先生的女朋友在省会城市工作，是一名公立学校的教师，女方父母不同意，女孩也不愿意去深圳工作，靳先生经常在去与不去深圳工作中纠结。他尝试用五个问题归零思考法，对自己未来的职业生涯发展进行规划，希望能合理地规划自己的职业生涯发展，为自己的工作、生活打牢基础。

（一）对“我是谁”问题的回答

（1）靳先生是太原市一家文化旅游公司的旅游服务部经理，该公司属于香港上市公司的山西分公司，有餐饮公司、旅行社，还有一些文化传媒方面的业务。靳先生担任旅游服务部经理快一年了，管理着三家旅行社，不论是工作收入，还是工作内容，靳先生都比

较满意。

(2) 靳先生在做旅游服务部经理前，做过旅行社导游，也做过旅行社的负责人。他大学的专业是旅游管理，父母曾想让他考公务员，他自己综合考量后，还是选择了旅游管理类工作，一路走来，工作能力还是被客户与管理层认可的。

(3) 靳先生在这家公司从基层一步一步努力到管理层，工作环境、工作收入，也得到了父母和朋友的认可。靳先生觉得工作成就了自己，也期望在此行业做得更好。

(4) 靳先生很敬重自己的父母，很担心他们的身体，父亲的肺和胃不太好，母亲血压有点高。父母身体总体还行，只是快60岁了，一天天变老。他经常在节假日回老家看望，也一直认为，老家才是自己的家。

(5) 靳先生一直想在太原买房，女朋友的父母也不停地催促他买房结婚，表示可以资助一部分买房款，但靳先生只有不到20万元的积蓄。

(6) 靳先生的小姨大学毕业后在深圳创业，开有自己的公司，在深圳买了房，可以说事业有成，靳先生有点羡慕小姨。

(7) 靳先生很爱自己的女朋友，准备和她结婚，但是觉得条件还不太成熟。

(8) 靳先生学习能力比较强，兴趣广泛，上进心强，吃苦耐劳，自认为歌唱得不错，大学时曾多次参加学校的演出，有时甚至会幻想自己成为一名歌唱家，成为名人。

……

（二）对“我想干什么”问题的回答

(1) 靳先生的职业生涯发展目标是做一家旅游公司的合伙人或职业经理人，甚至公司老板。

（2）靳先生梦想开办一家属于自己的文化旅游公司，自己管理公司，如果公司发展得好，可以给自己提供更高的平台和更大的事业空间。

（3）靳先生有一个愿望，就是到一线城市闯一闯，到世界各地走一走、看一看，尤其是想到美国，看看世界一流城市与企业的发展，为自己今后创业奠定一定的基础。

（4）靳先生对自己生活的设想是，能和妻子共同生活在大城市，住在属于自己的、舒适的大房子里，每天开车去工作，体面地生活。

（5）靳先生希望在父母有生之年能够多尽一点孝心，把他们接到自己生活的大城市，甚至住在自己的大房子里。

（6）靳先生喜欢唱歌，在大学期间曾经多次参加学校组织的歌咏比赛，获得过名次，做过当歌星的梦。

……

（三）对“我能干什么”问题的回答

（1）靳先生认为自己可以管理公司更多的业务，并认为自己对旅游服务公司非常熟悉了解，认为自己能比较好地协调公司各部门的关系。

（2）靳先生认为自己专业比较突出，是旅游服务公司业务咨询方面的行家能手，可以指导下属业务知识，可以培训公司员工如何开发客户、如何拓展业务等。

（3）靳先生口才好，专业知识扎实，能够讲授旅游业务开发、社会保险和一些比较容易的管理类课程。

（4）靳先生在大学时期就已经取得了小型汽车驾驶证，并且经常驾驶公司的小型汽车，能熟练驾驶。

（5）靳先生在大学时期就喜欢唱歌，并在学校歌咏比赛中获过奖，唱卡拉OK很迷人。

（6）靳先生认为自己学习能力强，愿意下功夫学习，他相信自己还可以学会很多东西。

……

（四）对“环境允许或支持我干什么”问题的回答

（1）靳先生认为现在的公司非常看重他，也比较信任他，只要继续努力工作，收入会更高一些，职位也会得到进一步提升。

（2）靳先生认为，有多家同类公司，希望他能到他们公司去做部门经理，甚至是副总经理，待遇也比现在高一倍，甚至更多一点（他现在大约收入13万元），有一些公司甚至说不用他投资，就可以送给他一些股份，但是他不知这些公司能否持续发展，因为这些公司都是一些民营小公司，能否有好的发展，他也难以判断，而且如果他真的辞职投奔而去，这些公司能否兑现承诺也还是个问题。

（3）靳先生在与客户接触中，也有一些有实力的公司老板，想挖他去工作，承诺给高薪，甚至股权等，但是去其他行业他不熟悉，兴趣也不高。

（4）靳先生现在的条件可以支撑他去大学进一步深造，当然可以脱产或不脱产。

（5）靳先生有一种打算，就是去读在职MBA，只要有好的课程与教师,即使花费较多，他也愿意去读，况且公司还会按一定的比例予以报销。

（6）靳先生的小姨在深圳工作，非常希望他到深圳跟着她工作，也希望他以后到深圳定居，经常对他说，趁着年轻，拼一拼、搏一搏，一线城市机会多，以后对自己儿女的教育、发展也会好一些。靳先生也想快速多挣一些钱，能尽快买房买车，但想想女朋友，看看深圳的房价，就又信心不足了。

（7）靳先生虽然喜欢唱歌，但他认为，从专业角度来看，自己成为专业歌手的可能很渺茫。

……

（五）靳先生的职业生涯发展规划是什么

通过分析与梳理，靳先生对自己的职业生涯发展有了一个比较清晰的认知。他认为，以下几个方面是自己近期真实的需求，也是最现实的需求，也是经过努力可以实现的需求：

（1）靳先生认为，他现在应该继续在现在的公司好好干，可以预见，在不远的未来，他就能晋升职位，可以有更高的工作平台和更高的收入，甚至有可能得到年薪和股票期权奖励。

（2）靳先生认为，对于学习深造，现在最现实的选择是在工作的同时，选择攻读在职MBA，既能提升自己的学历，又能提升自己的能力，花费也比较少，对自己的生活影响又比较小。

（3）靳先生认为，现在应该先买房，同时准备和女朋友结婚，再通过贷款的形式购买一辆小型家用汽车。

（4）靳先生认为按以上规划，可以经常开车回老家看望自己的父母，买房之后，就可以把父母接过来住。

（5）靳先生没有放弃自己的爱好，还经常去唱卡拉OK，但是只把唱歌作为一个业余爱好，不准备在这方面发展了。

（6）靳先生认为，现在还是应该留在自己服务的大公司工作，去其他公司做合伙创业者的想法以后再说。

（7）靳先生认为，去深圳生活工作虽然是自己的梦想之一，但现在的经济条件、家庭状况、婚姻状况，以及去深圳工作后自己的生活难以协调，认为去深圳跟小姨工作不是现在的最佳选择。

……

靳先生根据自己的职业生涯发展规划，提出 10 年、6 年发展目标，又根据自己的实际，做了未来 3 年的发展规划 ：

（1）靳先生希望在未来3年里，努力工作，突破业务，为以后能在服务的公司任副总经理，分管旅游、餐饮业务创造业绩与积累人脉。

（2）靳先生希望在未来3年，攻读在职MBA，获得硕士学位。

（3）靳先生希望在未来3年，业务能力得到较大提升，年收入达到20万元以上。

（4）靳先生希望在未来3年，能拥有自己的住房，并且购买一辆小型家用汽车。

（5）靳先生希望在未来3年，能和自己的女朋友步入婚姻的殿堂，并且能把自己的父母接过来共同生活。

……

经过努力，靳先生在不到 3 年的时间里，大部分职业生涯发展目标和生活设想都实现了，只是住房和汽车有些贷款。靳先生的父母来城市住了一段时间后，不太适应城市的生活，返回老家。

靳先生的职业生涯发展规划，注意了职业生涯发展与自己生活之间的协调。虽然工作是生活的基础，但一个人的生活不单单是工作，还有很多其他方面的任务，要做到统筹兼顾。同时，职业生涯发展是一个渐进的过程，应该实事求是，做到短期规划、中期规划、长期规划、人生规划有机衔接，从自己的真实情况出发，做出合理的选择，成就更好的人生。

第三节　职业生涯发展规划的调整

一个人的职业生涯发展，是在动态调整中不断发展和不断完善的。当一个人在职业生涯发展过程中，出现这样或那样的一些问题时，或是因为自己所处的环境发生了比较大的变化，职业生涯发展规划出现难以完成的可能；或是职业生涯发展面临难以逾越的困难，这时候就要考虑调整自己的职业生涯发展规划了。毕竟职业生涯规划就是在发展中不断调整的过程。所以当你在工作中出现了问题时，应该重新规划自己的职业生涯发展。

一、职业生涯发展规划调整的依据

如果一个人在职业生涯发展的过程中，感觉发展不顺畅，和自己的特长不吻合，或支撑发展的环境发生重大变化，自己的生活出现一些新变化、新情况时，就应该考虑调整自己的职业生涯发展规划了。调整前，一定要非常慎重，通过以下几个方面的深入思考，来进一步判断自己的职业生涯发展规划是否需要进行调整：

（一）怀疑自己不合格

如果一个人在工作过程中感到痛苦，对工作不感兴趣，在工作中得不到愉悦，感觉每天都是在煎熬，也看不到努力工作改变的可能，那么就要判断一下，看自己是否尽力了，自己是否真正付出了，自己可以静下心来好好反思自己，是自己的工作能力、兴趣爱好问题，还是能力与岗位不匹配问题。也有可能是自己确实不太适合这个工作，可以请自己的直接上司对自己的表现做一个客观的评判，以明确自己的工作是否符合他的要求，自己的工作是否符合组织的期望，或是请教一位信任的同事，请他为你做一个非正式的评估，评价自己的工作到底如何，在同事们心目中的看法。当然，最好多听一些同事的建议和意见，也应该好好听一听家人和朋友的评价，综合来评判自己是否真的不适合这一工作，再来判断是否应该调整自己的职业生涯发展规划。

（二）与上司不合拍

在工作过程中，是否经常感到和自己的上司格格不入。上司的要求和安排，自己老觉得不对或有问题，和上司的想法相反或不吻合。如何更好地判断和自己的上司不合拍呢？一个比较简单的测试方法就是，当你在上司身边时，自己的感觉如何。是自在放松，干劲十足，希望表现，还是心生厌倦，紧张不安，希望逃跑？通过简单的测试，就能判断自己到底和上司合不合拍、配合默契不默契，以此作为自己职业生涯发展的评价依据之一，来判断自己的职业生涯发展规划是否应该予以调整。

（三）与同事不合拍

如果在工作过程中，自己总感觉和同事相处不融洽，感觉和同事在价值认同、兴趣爱好、共同话题等方面不同步，进而甚至影响到自己不愿意在单位工作，说明自己的职业生涯发展在此环境中难以实现。你可以做一个简单的测试，静下心来思考，当你和单位的同事交流时，是否有兴趣，是否能很好地融入大家的讨论交流中。同事感兴趣的话题和事物，自己却感到非常乏味和无聊。如果长期不能融入同事中，对他们的话题厌倦，甚至反感，那么你可能真的需要重新规划自己的职业生涯发展了，至少是在这个单位难以实现自己的职业生涯发展目标了。

（四）工作过于轻松

作为刚入职不久的年轻人，如果你在工作中过于轻松，一点压力都没有，工作对你来说一点挑战性也没有，你甚至闭着眼睛都能完成工作时，一种可能是你已经从事这一行很长时间了，已经非常熟悉了，还有一种可能是，你的能力已远远超越你现在的职位而自己却不自知。要科学地做出判断，你可以问自己这样几个问题：一是你仍然能够从工作中学习新的东西吗？二是你能对工作进一步改进和提升吗？三是你想提升自己正在使用的技能吗？如果以上几个问题的回答都是否定的，那么说明现在的工作岗位已经不太适合你了，你可以考虑重新规划自己的职业生涯发展了。

（五）对这一行不感兴趣

如果在工作过程中，你越来越对自己从事的工作感到厌烦，好像是谁逼着你工作，经常不愿意做自己应做的工作，在和别人交往的过程中，不愿意提及自己的工作，甚至不愿意向别人介绍自己的工作，经常考虑如何转型从事别的行业，如果是这样，可能你真的需要反思自己是否真的喜欢现在从事的行业。你可以通过回答以下几个问题来做一个自我判断：第一个问题，假设自己可以重新选择，你还会选择同一职业吗？第二个问题，你有兴趣阅读这一领域的名人自传吗？第三个问题，你对你现在从事的行业感到自豪吗？第四个问题，你愿意向自己喜欢的人介绍自己从事的职业吗？如果都是否定的，那么你可能确实需要重新规划自己的职业生涯发展了。

当然，影响职业生涯发展规划调整的因素是复杂的，尤其是每人的实际情况不同、发展生活的环境不同、价值理念不同，而职业生涯发展调整的依据也是多种多样的，需要我们在实际的工作中，根据自己的实际情况做出调整。

二、职业生涯发展规划调整的时机

（一）职业生涯发展规划调整的时机

调整职业生涯发展规划，需要慎重决定，更需要把握好调整的时机。毕竟,职业生涯发展涉及一个人,甚至是一个家庭的生活问题。

（1）自己所做的工作并不是自己擅长的工作，自己有被证明和认可的专业特长，但在这一工作中，一直没有机会展现和发挥出来，觉得非常遗憾。这时候，就要考虑进行职业生涯发展调整了，寻找能发挥自己特长与优势的领域，着手新的职业选择与职业生涯发展规划了。要深思熟虑，形成新的职业生涯发展规划，尤其是在寻找到新的、明确的发展方向，甚至是明确的组织（单位与企业）、具体的职业岗位时，就可以果断调整了。

（2）对自己的工作回报、工作待遇不满意，确定是领导低估了你的才能和价值，没有放到合适的位置上，且确认凭自己知识、技能和能力，一定可以获得更多的薪水和更高的待遇。先做一个评估，看当前情况是暂时性的，还是通过自己的努力、职位的改变，就能得到改变；还是说是长久的，是组织（单位与企业）的不足，不管自己努不努力，职位有没有改变，自己的回报和待遇都不会有什么改变。明确在其他组织（单位与企业）的相近职业、岗位的工作待遇与回报和现在的单位差距较大，且凭自己的能力与技能，能到这些好一些的组织（单位与企业）中去发展，那么这时候就可以考虑调整职业生涯发展规划了。

（3）对自己的现有职位不满意，即使通过自己的努力，也难以有上升的空间。如果继续留在现单位，被重用和提升的空间不大，基本没有大的发展机会，但是又觉得自己的能力没有得到发挥，不愿意就这么消耗下去，也不想埋没自己，这时候就可以考虑进行职业生涯发展规划调整了。

（4）虽然自己在工作中一直兢兢业业，不懈努力，但感觉工作平平淡淡，没有什么成就，尤其是自己一直有一个创业梦，在这个单位工作着，心中却一直把此工作作为一个积累经验的过程。在平时的工作中，一直在为自己将来创业做准备，且已经积累了丰富的经验，甚至已经有了一定的资源与客户，这时候就可以考虑进行职业生涯发展规划调整了。

一个人职业生涯发展的调整时机，因为个体因素的复杂性，时机的选择也是复杂、多样的。一个人在具体的职业生涯发展规划调整中，既要谨慎稳妥，也要随机而动。

（二）职业生涯发展规划调整的几个关键时间节点

职业生涯发展规划调整是非常慎重的一件事，在调整自己的职业生涯发展规划时，一定要高度注意自己的年龄。一个人在不同的年龄段，思考问题的角度、重点、认知会不同，对自己、家庭、组织、社会等各个方面的看法也各异。

1.20岁左右

20岁左右，是一个人职业生涯发展的起点，一般人在这一时期已经初步锚定了职业生涯发展方向，并开始朝着这一职业生涯发展目标进行努力。这一时期，重点是最初的职业选择，选择一个适合自己的具体组织（单位或企业），从事适合自己的具体工作岗位，对今后自己的职业生涯发展与生活至关重要。这一时期职业生涯发展规划的调整，主要表现在具体职业的选择上。

宁同学出生在山西一个优美宁静的小县城，从小学习优秀，一直在班级名列前茅，父母寄予厚望，但是由于父母只是普通工人，如何选择未来的职业，给不了他更多的指导。高考结束后，宁同学开始思考选择学校与专业，充满了迷茫。高考成绩公布后，他的分数超过当地一本线30多分。对于专业选择，经过全家热烈讨论，父母希望他学门技术，以后好就业。宁同学则摇摆不定，他想学金融，父母觉得该专业不切实际，认为还是医生更吃香，因为人都要生病，谁也离不开医生。不愁就业，一生都能从事这一职业，也受人尊敬，父母还以他同学父亲的成就为例来说明当医生更好。宁同学知道他同学的父亲是当地一名优秀的大夫，后来做了县医院的院长，很受当地人的尊敬。上学期间，他能感受到学校一些老师对该同学的重视。经父母这一说，宁同学没了主意，稀里糊涂填报了高考志愿，大部分为医学专业。他的成绩在县城来看算不错，但在全省排名并不算靠前，因此宁同学并没有被第一志愿录取，而是被当地一所医科大学调剂录取，专业为药学。宁同学虽然从心理上不是非常认可此专业，但也没有别的办法，因此复读感觉自己也下不了决心。懵懵懂懂来到大学，真正接触专业知识后，宁同学感到兴趣不大，甚至还有些抵触情绪，但不得不疲于应付。毕业后，宁同学找了一份制药厂的工作，自己感觉不太满意，决心考研，但是希望跨专业考研，他决定考非法学专业的法律研究生。因为没有本科阶段该专业的积累，宁同学第三年终于考研成功。宁同学非常喜欢法学专业，研究生毕业后顺利考取了省级机关的公务员，但这时他已经 28 岁了。他非常感慨，说自己当时什么也不懂，没有真正按自己的兴趣、设想去报考，要不就不会走这么多弯路了，当年报法学类专业的话，自己的分数能上当地一所著名大学的法学专业，大学也就不会那么迷茫，耽误好几年的青春时光。从宁同学的案例可以看出，20 岁左右是职业选择和职业生涯发展规划的一个关键节点，对一个人的一生至关重要。

2.30 岁左右

30 岁左右时，一个人需要重新对照自己的环境，审视自己当初的职业选择，职业生涯发展规划是否实现。经过较长时间的职业生涯发展，已经取得了一些成就，应反思自己是否需要进行职业生涯发展规划调整。通过回答以下问题，来判断这时是否需要进行调整：

（1）自己比较擅长的是什么?特长和能力是什么？现在从事的这份工作是否发挥了自己的特长和能力?

（2）如果努力工作，我的工作业绩是否进一步提升，我的职业生涯发展平台是否进一步提高，或职位待遇提升？这一时期，自己是否还应该进一步学习深造，是否需要再次充电提升自己的技能和能力？

（3）自己是否真的愿意留在这个行业发展？自己的优势和特长是否在其他领域？自己的职业生涯发展节奏是否合适？自己职业生涯发展的速度如何？

参考这些问题的回答，综合自己职业积累的经验，谨慎地做出判断，果断进行相应的调整，促进职业生涯更好地发展。

3.40 岁左右

到了 40 岁左右时，一个人往往已经在自己的职业领域取得了初步成绩，也获得的一定的职业回报，奋斗到一定的职业位置。这一时期，人们所面对的，往往是比较熟悉的工作内容和工作团队，甚至一些人忙于工作与生活，已经淡忘了当初的职业生涯发展规划，淡忘了当初为这个阶段设定的职业生涯发展目标。但此阶段，也是一个人事业发展的瓶颈期，对不少人来说再发展太不容易了，虽然绝大多数人并不甘心。

一部分人在此阶段工作出现危机，可能是对目前自己的工作角色不满意，开始思谋新的选择与发展，这或许是他们转行或调换单位最后的机会，他们尝试各种可能，试图改变现状和困境。

当然，也会有一小部分人，因为时代的发展、科技的进步、设备的改进、出现工作困难。他们在此阶段正努力适应新的变化，奋力跟上工作发展的需要，思谋新的角色转变和职位调整。

40 岁左右进行职业生涯发展规划调整时，更需谨慎。因为这时候一般生活压力比较大，上有老下有小，时间、经济压力都不小。通过以下一些问题，来判断自己是否该进行职业生涯发展：

（1）工作回报自己满意吗？社会、家庭、朋友对自己的职业生涯发展认可吗？如果重新开始，比如创业，建立自己的一片新天地，条件适合吗？自己适合吗？

（2）自己是否被所在单位的经历，或所在单位的经济困难、组织的并购危机困住了？自己还有什么更好的出路和发展？

（3）在单位是否还会获得职位的提升、更高的待遇？更高的职位、更好的待遇，是自己真正需要的吗？

在回答以上问题之后，综合考量社会、单位、家庭、个人的客观实际，来判断在此时间节点是否应该进行职业生涯发展规划调整。

4.50 岁左右

50 岁左右时，一般一个人的职业生涯发展取得了比较高的成就，达到了职业生涯发展的顶峰。如果这一时间节点还要考虑职业生涯发展规划的调整，应慎之又慎，需要深刻反思以下几个问题：

（1）自己的知识跟不上发展了吗？工作成绩让自己感到汗颜和颓废吗？自己不得不做出调整吗？

（2）多年的工作积累，是否让自己有了相当的把握和能力，自信可以开启一个新的职业发展？错过这样一个发展机会自己不可能再有这样的机会了吗？

（3）做出改变后，自己的未来有没有安全感？

在这一年龄节点上，除非迫不得已，或胸有成竹，不建议进行职业生涯发展规划调整。

4.60 岁左右

60 岁左右时，大多数人开始回顾和总结自己的职业发展了，思考退出岗位后的生活了。当然，也可能有一部分人，又开启了新的职业生涯发展。需从以下几个问题来衡量是否做出职业生涯发展规划调整：

（1）在职业生涯发展中，在哪些方面取得的成就，得到组织和大家的认可与尊敬？

（2）自己在哪些方面的知识、技能、能力得到了认可？

（3）在新服务的组织（单位或企业）或自己的创业中，可以运用之前职业生涯发展的知识、技能、能力吗？自己确定可以任新职位吗？职业生涯发展对自己的生活、健康影响大吗？

在对以上问题作答之后，应该和家人，尤其是自己的孩子、配偶做全面深刻的沟通交流，得到大家的理解、认可、支持，才有可能在新的职业生涯发展中取得好的业绩。

三、职业生涯发展规划调整的注意事项

如果一个人在职业生涯发展过程中，感受到自己需要进行职业生涯发展规划调整，虽然职业生涯发展规划调整是非常慎重的事情，但不得不调整时，也应该果断进行调整，但应注意以下几个方面：

（一）要锚定一个切实可行的新规划

如果确定要进行职业生涯发展规划调整，一般来说，需要先有一个比较系统、切实可行的新规划，才能开始调整。毕竟，一个人的时间和精力都是有限的，尤其在现代社会，隔行如隔山的现实下，贸然进入一个新领域，职业生涯发展和成功的可能性更低。

一个大学毕业生，学习的专业是英语，但是她本人并不喜欢英语专业，只是父母是中学教师，希望她以后继续从事教师工作，所以劝说她报了英语专业。毕业后，她听从父母的意见，到贫困地区从事教师工作，但是随着年龄的增长、阅历的丰富，她对做一名中学英语教师越来越抵触。她希望重新规划自己的职业生涯发展，把自己的新目标锚定为城市白领，但是具体能干什么，心里没底，对自己的优势特长也不清晰。从这个学生的案例中可以看出，她主要还是对现状不满意，对未来的职业生涯发展缺乏认真的思考与研判，那么她的职业生涯发展规划调整就比较困难，成功的概率就相对小一些，困难和挫折就可能比较大。对职业生涯发展规划调整，调整

的目标最好是可以量化、切实可行的，调整起来才可能顺畅一些。

（二）调整前多问几个为什么

一个人应该在调整自己的职业生涯规划前多问几个为什么，真正了解自己的实际问题，才能有的放矢，调整后的职业生涯发展才可能更加顺畅。可以从以下几个视角来了解自己职业生涯发展调整的必要性：

(1) 为什么不得不离开现在的工作？

(2) 对自己新调整的职业或者组织（单位或企业）了解多少?新组织（单位或企业）的文化氛围是否符合自己的价值观？

(3) 确定自己能胜任新的职业吗？调整后的新工作自己了解吗？了解多少？

(4) 调整后的新工作,会影响自己的生活吗?或能给自己的生活带来什么？

(5) 调整后的新发展是什么？发展的空间和前景如何？自己未来在新的发展中可能的成就是什么？

在进行职业生涯发展规划调整前，反思自己的调整原因和调整目标。

（三）多和与自己相关人员沟通交流

与自己的父母、配偶、兄弟姊妹、亲戚进行交流沟通，听听他们的意见与建议；也可以和自己信任的领导、好友、同事、同学沟通交流，看看他们能否给自己推荐合适的岗位。

有这样一位职业生涯发展调整比较成功的女士，大学学习的是中文，属于师范类定向培养生，到基层服务 5 年，她被分配到一个县城的乡镇中心中学做语文教师，可能不适应乡镇的生活环境，也不太喜欢做中学教师，职业生涯发展看不到前景。经过深思熟虑，她决定辞职到大城市闯一闯。她性格比较果断，说干就干，和自己的家人商量后，写了辞职报告，放弃大家认可的正式编制，但辞职前，她动用了自己的各种社会关系，正好她的一位老师告诉她一个信息，说省城的一家股份制金融机构正在招聘办公室文员。她迅速浏览了该金融机构的网站，报名参加应聘，经过三轮考试考核，被这家股份制金融机构录取。经过 4 年多的打拼，她现在已经是这家股份制金融机构分行办公室的副主任了，她认为自己的职业生涯发展规划调整还是成功的。

当然，在咨询他人时，无论他们的建议与意见是否可行，是否合自己的心愿，都应该抱着一颗感恩的心来对待，最重要的，还是要从自己的实际做出研判，听从自己内心的真实想法。

（四）分析自己的优势和不足

在进行职业生涯发展规划调整前，或在寻找新工作前，总结自己过去的成绩、经验、教训和不足，明白自己的优势和不足，就显得尤其重要。

在做职业生涯发展规划调整前，需要梳理一下自己的优势与不足，评估一下这些优势与不足在现在工作岗位上发挥或者弥补的程度，谋划一下在新的发展方向上，这些优势与不足可能的发挥与弥补。前面案例中提到的那位女士，在进行职业生涯发展规划调整时，就是全面评估了自己的优势与不足，认为自己的性格外向，文字功底深厚，计算机相关软件运用熟练，人际交往能力强，心理承受能力也比较强，因而做出了职业生涯发展规划的调整，而且也取得了不错的发展。

（五）要注意处理好和原组织（单位与企业）的关系

一个人调整职业生涯发展规划，大多会离开原来的组织（单位与企业），到一个新的组织（单位或企业）工作，在离开自己原来工作和生活的组织（单位与企业）时，要注意和原来的同事处理好关系，因为一个人的人脉建立起来不容易的，希望曾经的相遇，既是美好的回忆，也能有机会成为助力。离开一个组织（单位与企业），不是一时半会的事，后续还有很多相关联的事情需要处理，比如档案、社保、组织关系等，如果你在离开原组织（单位与企业）时，有些关系处理不好，就可能带来一些后续的麻烦，甚至会影响到在新领域的发展。毕竟，社会并不像我们想象得那么大，真像俗语说的那样，“山不转水转，水不转人转”，说不准未来什么时机会再次相遇。

（六）调整好心态平静地面对得失

职业生涯发展规划的调整，会或多或少付出一些代价，因此一个人应该在职业生涯发展规划调整前，综合考虑调整后的得失。因为对职业生涯发展规划的调整，不仅会影响自己的职业、岗位、待遇、生活方式的变化，还可能会影响到以后自己的职业生涯发展，影响到家庭和朋友等关系。要保持一颗平常心，以笑看风轻云淡的态度，面对调整后的变化。人生本来就是一个过程，没有什么永恒的东西，一切都在发展变化中，也没有什么过不去的坎，得失本是常态，这样就能以平常心去面对调整。

第七章　新时期青年正确认知职业生涯发展成功

第一节　什么是职业生涯发展成功

一、职业生涯发展成功的界定

职业生涯发展成功的界定，是一个比较复杂的系统评价。对职业生涯发展成功的认知，也因人而异。一些人认为，一个人职业生涯发展成功，就是获取了丰富的物质回报，拥有了多少物质财富，成为有钱人；一些人认为，一个人的职业生涯发展成功，就是看拥有了多大的权力，能够登上一个比较高的职位，影响一方；一些人认为，成为名人，在社会上有比较大的影响力，就是成功；一些人人认为，成功就是给国家、民族、社会做出较大贡献，能够推动社会进步；一些人认为，成功就是悠然自得，舒服安逸，快快乐乐地生活和工作等；一些人认为，只要职业能给自己带来愉悦，能兼顾职业和家庭，能在和谐友好的气氛中工作，有比较稳定的职业退出保障，就是职业生涯发展成功。

以上这些认知，都具有一定的代表性，都有不少推崇者。当然，只要在追求职业生涯发展的过程中合法合规，都没什么错。职业生涯发展成功的评价要综合考虑多种因素，而且不同的人认识不同，评判的标准也各不相同。即使是同一个人，可能在人生的不同阶段，认知也有所不同，评判的标准也会发生变化，对职业生涯发展成功的界定当然也就不同了。

对职业生涯成功的界定标准有差异，认知也有不同，但不是说职业生涯发展成功就没法界定了，而是要从多个视角、多个方面，综合考虑来界定。

二、职业生涯发展成功的标准

职业生涯发展是一个人一生中最重要的一环，影响着一个人一生的生活和幸福。人们当然都希望取得职业生涯发展成功，获得自我满足感和成就感。一个人在追求职业生涯发展成功的过程中，能促进一个人素质的提升，能开发一个人的潜能、潜质。一个人的职业生涯发展成功与否，可以从自身角度、家庭角度、组织角度、社会角度来综合判定。当然，每个人在判断职业生涯发展成功的标准时，都有其自身的认知和特色，也存在一定的差异，可以说，职业生涯发展成功的标准，具有多样性。

（一）进取型

一些人职业生涯发展的目标，就是通过不停地努力，最终使自己晋升到组织(单位或企业)，抑或自己从事的专业领域的较高地位，这些人尽其一生，都处于行业或组织（单位或企业）的拼搏竞争中，长达几十年。这一类职业者，职业生涯发展成功的标准比较明确，我们将其称之为进取型。

很多专业技术人员，比如教师、医生、研究人员等的职业生涯发展目标是成为专业或行业的较高层次人才。判断一些专业技术人员职业生涯发展成功与否，往往通过职称来体现。高级职称属于职称中的最高级别，往往可以反映一个人的职业生涯发展成功。

国家机关单位的公务员，他们中大多数人的职业生涯发展目标，就是成为领导或进入管理层，这也成为很多公务员评价自己职业生涯发展成功与否的重要标准。

还有一类是企业中的专业技术人员，也是追求技术序列等级，还有一部分则追求进入企业较高阶层，主要是管理层，这一目标成为很多企业管理人员评价自己是否职业生涯发展成功的重要标准。

还有一类人员的职业生涯发展目标就是追求金钱的多少，比如经商人员，他们希望拥有较多的财富，他们对职业生涯发展是否成功的主要标准就是财富的多少。当然，在社会主义市场经济发展的今天，这一标准也成为社会评价一个人成功与否的重要标准。

（二）自由型

还有一些人，他们认为如果自己在工作过程中能够获得最大限度的自由，自己控制自己，而不受制于人，被他人束缚，或被环境制约和控制，就是职业生涯发展成功。另外，还有一些人认为，所谓职业生涯发展成功，就是在工作过程中经历的丰富性、多彩性、多样性。以上这两类人，在职业生涯发展目标上，更看重职业带来的自由度，他们评判职业生涯发展成功与否的标准就是自由度，我们将其称为自由型。

自由型的人在我们的工作和生活中，也比较常见。比如，一些事业单位的工作人员，当他们有机会去机关单位从事管理职业时，他们通常会选择放弃，而是更愿意在事业单位中从事自己的专业工作，认为从事专业工作更加自由和得心应手。他们对职业的选择，就带有比较明显的自由型倾向。还有一些个体工商业者、自由职业者，他们不愿意去机关事业单位工作，朝九晚五也好，还是早八晚六也罢，都是一种限制，愿意做自己的小生意，比如开个小超市或打理一个小工作室，自己经营一个什么产业等，自己掌控自己，比较自由，他们判断职业生涯发展成功的标准，就是看工作是否自由。

（三）安全型

在职场，有这样一个群体，他们追求职业的稳定感、安全感。他们工作的主要目标，就是追求工作的安全和认可，受人尊敬和成为圈内人。这些人将成功看作一种长期、稳定的工作，获得稳定的生活保障，认为工作、生活稳定就是成功。

把职业安全感作为职业生涯发展成功评价标准的人，在我们日常生活中非常多。比如，现在出现的大学生考公务员热、考编制热。很多父母，尤其是比较传统的父母，觉得考进国家单位才是正式工作，其他都是临时工作。在他们的心目中，好工作的排序是这样的：第一是公务员，第二是事业单位工作人员，第三是金融企业工作人员，第四是国有企业工作人员。他们认为，除了这四类人员外，其他都是临时工，对职业生涯发展成功的判断标准，就是能否为国家工作。人们普遍认为，国家的单位安全、稳定，成为一类人职业生涯发展是否成功的重要标准。

（四）攀登型

在一些人的职业生涯发展中，他们比较看重在职业中获得挑战、冒险、刺激等方面的体验，愿意做比较有挑战性的工作，获得更高的成就。还有一些人，他们把职业生涯发展成功定义为螺旋式上升，只要是在工作中不断螺旋式上升，在职业生涯发展中不断自我完善，他们认为这就是职业生涯发展成功。

笔者在一些高校调研时，一些艺术专业的学生希望从事演艺工作，他们也知道想在演艺方面取得成功不易和艰辛，但是这些年轻人义无反顾，他们希望在演艺圈闯一闯，甘愿冒险，挑战自我，希望成为万众瞩目的明星，让自己取得职业生涯发展成功。

（五）平衡型

有一些人在选择工作时，考虑家庭因素比较多一些，尤其是女性，判断工作好坏、职业生涯发展成功与否，一个重要的标准，就是在工作、自我发展和家庭之间，能够得到比较好的平衡，不希望工作太耗精力，不愿意为了工作而给家庭带来比较大的影响。

我们在日常工作和生活中，经常会碰到此类职业人员，尤其是女性工作者，她们往往选择离家近的工作单位，这样可以兼顾家庭。现在社会上有一种现象，男性找对象偏爱女教师，一方面教师的工作比较稳定，另一方面教师有寒暑假，有更多的时间和精力照顾家庭，简言之，女教师可以做到事业与家庭兼顾，这也成为一些人评判职业生涯发展是否成功的一个标准。

不论是从国内外研究者来看，还是从社会人们的普遍认知来看，职业生涯发展的每一个阶段，都与个体的家庭因素紧密相关，职业生涯发展与家庭生活要么相互协调、相互促进、相得益彰，要么相互影响、相互牵扯，甚至产生矛盾冲突。一个人要想做到职业生涯发展与家庭兼顾、融通平衡、相互促进，对于年轻人，特别是年轻女性来说，在现实社会生活中就显得特别重要。因为每个人在一生中，都会扮演多种社会角色，承担多种角色责任，完成各种应尽义务，其中绝大多数人都要经历作为子女角色和父母角色的阶段。一个人的一生，有时可能会放弃一份工作，但绝大多数人不能放弃同时拥有的多重角色，恰恰相反，还要想方设法扮演好这些角色。从中可以看出，一个人的家庭因素，尤其是家庭成员的需求、家庭成员的意见，对一个人的职业生涯发展成功具有重要的影响。

三、职业生涯发展成功的评价体系

对职业生涯发展成功如何评判，由谁来评判，是一个比较复杂的问题，职业生涯发展成功的评价方式多种多样，评价内容丰富多彩。

对职业生涯发展成功进行全面的评价，才能从本质上认识到什么是职业生涯发展成功，应该综合考虑多种因素：一是个人因素，二是家庭因素，三是组织因素，四是社会因素，五是历史因素。

职业生涯发展成功意味着个人价值得到体现，个人才能得到发挥，个人制定的职业生涯发展目标得以实现，为社会发展和人类进步做出了贡献，并得到他人和社会的认可和肯定。从职业生涯发展目标实现、对职业生涯发展的影响因素、得到他人和社会认可的视角，把职业生涯发展成功的标准，划分为自我评价、家庭评价、组织评价、社会评价、历史评价五个方面，

如果一个人从这几个方面进行评价，结果都是肯定的，那么这个人的职业生涯发展应该就是成功的。

（一）自我评价

自我评价是通过自己对自己一生职业生涯发展的总结，来判断职业生涯发展如何，这种自我评价，对一个人职业生涯发展有重要的意义。自我评价主要从以下几个方面展开：

（1）自己的知识、才能、技能、能力等是否得到了充分的发挥和施展？

（2）对自己在组织中的职位、职务、职称、荣誉等是否满意？

（3）对自己在组织中的工资、福利、补贴、假期等方面的待遇是否满意？

（4）对自己通过职业工作获得的社会肯定与认可是否满意？

（5）对自己通过职业工作对社会的贡献是否满意？尤其是对促进社会进步、服务他人、改造世界中所做的贡献是否满意？

（6）对自己通过职业工作获得的心理满足感和成就感是否满意？

（7）对自己在职业生涯发展中与他人的关系是否满意？对自己与他人生活、活动关系的结果是否满意？

当然，以上自我评价和个体的知识认知、价值理念、价值标准、工作水平、综合能力等方面密切相关，是依据个人标准来综合认定的，带有非常强的个人主观色彩，并没有一个统一的评价标准。

（二）家庭评价

（1）家庭成员是否能够理解自己的工作与职业生涯发展？

（2）家庭成员是否肯定、认可自己的职业生涯发展？

（3）家庭成员是否愿意在他人面前谈起自己的职业生涯发展？家庭成员在他人面前或亲朋好友面前，是对自己的职业生涯发展引以为傲还是觉得无所谓，甚至是引以为戒？

（4）家庭成员是否愿意对自己的职业生涯发展予以支持和帮助？

（5）家庭成员对自己的职业生涯发展而形成的家庭文化与家庭氛围是否感觉到满意？

（6）家庭成员对自己的职业生涯发展对家庭的贡献是否认可？对自己的职业生涯发展带给家庭的影响是否满意？

家庭成员对自己职业生涯发展的认可，是一个人职业生涯发展成功与否重要的一个方面，也是一个人职业生涯发展非常看重的一个方面。

（三）组织评价

（1）自己的职业生涯发展是否获得上级的肯定和表彰？是否在职业生涯发展过程中得到上级的赞赏与重用？

（2）自己的职业生涯发展是否得到下属的认可、尊敬与赞赏？下属是否愿意追随自己？

（3）在自己的职业生涯发展中，是否得到同事的配合和支持？自己在组织中的人际关系如何？自己在同事中的口碑如何？

（4）自己在工作中是否取得职称、职务？是否得到晋升与发展？

（5）自己的工资、福利、待遇、保险等是否得到组织的认可？

（6）自己的工作与价值是否得到服务对象或客户的认可和好评？和服务对象或客户的关系如何？

以上是组织对一个人职业生涯发展的评价，和一个人服务的组织文化密切相关联，也和这个组织的总体经营成果，组织在人们社会生活中的影响力、认可度具有高度的关联性。

（四）社会评价

（1）自己所从事的职业和行业，在社会舆论中的认可度和好评度如何？一个人在职业和行业中，是否得到自己所处环境中的社会认可和好评？

（2）自己的职业生涯发展是否获得社会组织的承认和奖励？是否得到自己所属或相关社会组织的认可与好评？

（3）自己的职业生涯发展在社会上的影响力如何？周围的社会成员对自己的职业生涯发展评价如何？

社会评价主要依据的是一个人所处的外在环境，尤其受所处环境的文明程度、进步程度，以及所处环境的社会价值思潮、观念等的深刻影响。

（五）历史评价

（1）自己的职业生涯发展对组织比较长久的影响力如何？是否影响与改变了组织的发展？是否为一组织、地域未来的发展奠定了好的基础或产生大的影响？

（2）自己的职业生涯发展是否对一个行业或一个学科、一项技术等产生深远的影响？

（3）自己退出职业岗位后，自己的继任者或其他相关人员，或社会大众，在多大范围、程度上提及自己？

以上五个评价内容，相互联系、相互渗透，形成一个比较完整的评价体系。当然，由于影响职业生涯发展成功因素的多样性、职业生涯发展成功评价体系的多元性，以及组织的复杂性，在实际的职业生涯发展成功评价中，应根据组织的具体情况、员工的实际情况，来科学地划分评价体系的等级和程度，形成符合组织员工实情的职业生涯成功评价体系，科学评价员工发展的实际，体现对员工贡献与价值的尊重，通过合理地设置员工个人评价因素体系，达到组织与员工发展的有机结合与平衡，促进组织和员工的共同发展，促进个体职业生涯发展成功。

第二节　正确看待和争取职业生涯发展成功

一、正确看待职业生涯发展成功

幸福是一种感觉，成功是一种认可，一个人幸福与否，很难拿一个标准来界定，但一个职业生涯发展成功与否，有社会普遍的认同和全面评价，也就是说，有一个社会认同的评价标准，但这一标准并不是单一的、不变的，而且一个系统的、全面的、发展的评价体系，不能简单地把职业生涯发展成功定位于几个常见的标准，应全面、客观、准确、历史地看待职业生涯发展成功。

（一）对职业生涯发展成功认知的误区

日常生活中，存在对职业生涯发展成功认知的误区，认为只要取得了较高职位，掌握了较大权力，拥有了较多财富，获得了较广知名度，取得较大成就等就是职业生涯发展成功，虽然这些标准经常被人们用来衡量一个人职业生涯发展是否成功，但仅从这些标准来评价，显然太过简单。

1. 不是职位高就是职业生涯发展成功

职位高低经常被认为是职业生涯发展成功的重要标准，但不是说一个人的地位比较高，他的职业生涯发展就一定成功，还是要从职业生涯发展成功评价体系的五个方面来看待。历史上，虽然在当时地位很高，影响力也很大，但是与人民为敌，阻碍了社会的进步和发展，这些人不论他们的职位有多高，当时的地位有多显赫，都不能说他们的职业生涯发展是成功的。

如汪精卫，当时位高权重，但是他完全不顾民族大义和国家安危，充当日本帝国主义侵略中国的帮手，落得个身死异国他乡的下场，他的职业生涯发展绝不能说是成功的。还有一些党内的腐败分子，虽然也身处高位，但贪腐的恶念使他不顾国家和人民的利益，为中饱私囊而给国家和人民的利益造成巨大损失，最后成为阶下囚，他们的职业生涯发展也是不成功的。

2. 不是权力大就是职业生涯发展成功

权力大小也是人们对一个人职业生涯发展成功的评判标准之一。一个人权力比较大时，他可以在更大的领域、更广的范围内影响和造福更多的人，是一个人职业生涯发展成功的重要标志，但是如果一个人拥有了比较大的权力后，肆意妄为，利用人民赋予他的权力谋私利，那么权力再大，也不是职业生涯发展成功的标准。

山西的一名原省部级官员某某，本身是纪检监察干部出身，长期身处反腐倡廉一线，但是当他拥有较大权力后，忘记了自己的初心和使命，把党和人民赋予他的权力当作自己贪腐的工具，把党和国家赋予他的权力当作自己醉生梦死的资本，给党和人民造成了难以弥补的重大损失，也断送了自己的政治前程，锒铛入狱，受到了法律的制裁。像他这样的腐败分子，即便权力再大，也绝不能说他的职业生涯发展是成功的。

3. 不是财富多就是职业生涯发展成功

在现实社会中，尤其是在社会主义市场经济高度发展的今天，人们的日常生活一刻也离不开金钱，很多人把财富的多寡作为评判一个人职业生涯发展成功与否的重要标志。财富当然是一个人是否职业生涯发展成功的重要标准，但是“君子爱财，取之有道”，只有合法合规获得的财富，才能成为评价一个人职业生涯发展成功的重要标志。如果为了财富无视社会、职业、做人的底线，触犯法律法规，违背社会道德，那么不管他有多少财富，都不能算职业生涯发展成功。

李某自诩成功人士，假借慈善的名义在全国大规模地号召人们捐款捐物，其做慈善的真正目的，只是为了掩盖自己非法集资的事实。他把几十亿元秘密转移到境外，将家人也移民国外，拿这些骗来的钱到处挥霍，像李某这样非法所得巨额财富，就不能说他的职业生涯发展是成功的。

4. 不是很出名就是职业生涯发展成功

现代社会网络传媒非常发达，造就了很多网红和传媒达人，在一段时间内，确实很出名，博得了大众的关注，但不是所有出名、受关注的网红和传媒达人都属于职业生涯发展成功。演员某某，曾经风光无限，是很多少男少女崇拜的偶像，可是在演艺的过程中，通过各种手段偷税漏税，给国家造成巨大税收损失，给社会树立了不良的形象，受到了应有的处罚。因此，一个人很出名，并不能说他的职业生涯发展是成功的，只有那些给社会带来正面影响的出名，才能说他的职业生涯发展是成功的。

5. 不是成就大就是职业生涯发展成功

一些人认为，只要自己的成就大，做出的成绩得到大家的认可，那么自己的职业生涯发展就是成功的。其实这也不一定，不是所有的成就高，就是职业生涯发展成功，这一方面要看，他做出的成就能否促进社会进步和造福人类；另一方面要看，他取得的成就是否合法合规，是否符合社会的公序良俗，而不是说所有的成就都是取得职业生涯发展成功。比如，一个人可能在自己的特长领域做出了成就，也得到了同行和业界的一致认可，但是这个成就与社会发展和人类进步没有关系，甚至还会对社会造成不良影响，那么就不能说他的职业生涯发展是成功的。有一个高校的化学工作者，利用自己的化学特长，研究出了可以麻醉人的新型物质，具有成瘾性。该成就也曾得到业界的认可，但是后来为了谋取私利，他将生产该物质的配方卖给了一个犯罪集团，生产出来能使人上瘾的新型毒品，自己也成了犯罪分子。他虽然曾经在自己的研究领域成就大，并得到业界的认可，但他将自己的成就用错了方向，他的职业生涯发展就不能说是成功的。

同时，要看这个做出贡献的人，能否持之以恒地坚守信念，遵纪守法，把自己的成就最大限度地运用到造福人类社会的发展中，那么他才是职业生涯发展的成功者。我国农业方面的最高学府，曾有一名在农业方面卓有成效的科学家，在使用国家级课题科研经费的过程中，使用不合理、不规范，存在严重经济问题，造成了比较不好的影响，后来受到了应有的处罚。虽然他的成就很大，曾受到很多人的尊敬，但是由于他工作中存在较大失误，给社会和学校造成了不良的影响，那么他的职业生涯发展就不是成功的。

（二）正确看待职业生涯发展成功

职业生涯发展成功，就是一个人通过自己的努力，实现了自己的职业理想，承担了自己的角色责任，完成了自己的职责使命，做出了有利于社会进步、有益于他人的贡献，成为一名合格的社会公民。

首先，是经过自己的努力，实现了自己的职业生涯发展理想。每个人都有自己的职业生涯发展理想，通过几十年的努力，到实现了自己的职业生涯发展理想，才能说一个人的职业生涯发展取得了一定的成功。

其次，是必须承担自己的角色任务，完成了自己的职责使命。在一个高度相关的社会中，每个人都承担着多元社会角色，既可能承担着子女角色，也可能承担着配偶角色，还可能承担着父母角色及其他各种社会角色。一个人在自己的职业生涯发展过程中承担的各种角色，都对应着各种角色任务，承担着各种职责使命，一个人较好地完成了各种角色任务，完成了各种职责使命，才能说他的职业生涯发展是比较成功的。

最后，是一个人在职业生涯发展中，做出了有利于社会进步、有益于他人的贡献，成为一名合格的社会公民。一个人所做的工作，取得的职业生涯发展成绩，必须有利于社会进步，促进了社会的发展，本人也是合格的社会公民，不违法乱纪，才能说他的职业生涯发展是成功的。

作为新时期青年，认知职业生涯发展成功，应从以下几个方面考虑：

一是人人都能取得职业生涯发展成功。每个人从本质上来说积极、健康、上进，没有人甘愿腐败、堕落、萎靡不振，因此只要努力上进，就一定能取得成绩，就一定有出彩的机会，所以人人都可取得职业生涯发展成功，人人皆可成功，人人皆能成功，只要今天的工作、生活比昨天好，上可以赡养父母，下可以抚养好子女，对社会有益、对他人有利，体现了自身的价值，不违法、不缺德，就是职业生涯发展成功。

二是职业生涯发展成功一定是做出了有益于社会的贡献。职业生涯发展成功不能唯地位高低、唯权力大小、唯钱多钱少、唯成就大小、唯名声高低，而是要做出有益于社会发展、经济进步、人民福祉的贡献和成就，才能说这个人的职业生涯发展是成功的。

三是职业生涯发展成功是一个人一生的事。一个人要在自己的一生中，始终兢兢业业，克己奉公，遵规守纪，不能稍微有一点成绩，就飘飘然，忘乎所以，不知天高地厚，甚至做出违规、违纪、违法的事情来，毁掉了自己的职业生涯发展成就。

二、努力争取职业生涯发展成功

（一）挖掘资源，助力职业生涯发展成功

一个人要在职业生涯发展上取得成就，需要兢兢业业，统筹谋划，全面推进，深耕细作。青年时期，正是职业生涯发展的起始期，也是一个人职业生涯发展的基础期、关键期。通过全面深耕细挖以下三个方面的资源，助力一个人取得职业生涯发展成功：

1. 知脉资源

主要指一个人在职业生涯发展中所具有的知识、技能、能力。

一个人不会随随便便成功，一个人的成功，除了机遇之外，更重要的是自己所积累的知识、技能、能力、经验等，况且机会是留给有准备的人的，这里所说的有准备的人，就是指积累了知脉资源的人。一个人职业生涯发展成功与否，与知脉资源的丰厚有关，知脉资源起着至关重要的作用。

既然一个人的职业生涯发展成功，主要是建立在自己丰厚的知脉资源基础上，而这又是通过一个人长期的学习与实践获得的，那么也是任何人都无法窃取的个人核心竞争力，可以说，知脉资源是一个人职业生涯发展成功的根本。一个人如何才能获得丰厚的知脉资源积累呢？要提升自己的知脉资源，可以从以下几个方面入手：

第一，做好时间管理。一个人的一生短短几十年，人生职业生涯发展的关键期，也就是 30 岁之前的 10 多年，造就了千差万别的

人生发展路径。一个人如果在这10多年做好时间管理，那么就可以给自己的知脉资源奠定一个非常扎实的基础，考上一所不错的大学，再学一个自己比较喜欢的专业，在大学中做好时间管理，拼搏奋斗，那么毕业后走向社会，就会为自己的职业生涯发展奠定一个非常好的基础。

第二，刻苦努力学习。要合理安排学习时间，科学制订学习计划，勤于上课，通过讲座、培训进修等方式，学习各种对自己发展有用的知识、技能，多参与一些社会实践，提升自己的操作能力。多参加组织内的轮调，到多个岗位学习实践，全方位提升自己的知识、能力、技能和素质，从而积累自己丰厚的知脉资源。

2．人脉资源

指一个人在社会生活和职业生涯发展过程中，从血缘、姻亲、工作和生活过程中所形成的各种社会关系，是一个人职业生涯发展成功非常重要的支撑。人脉资源主要包括一个人的家庭关系、家族关系、姻亲关系、同事关系、同学关系、社会关系等，一个人要尽可能地借助这些人脉资源，助力自己的职业生涯发展成功。

如何更好地挖掘、整合自己的人脉资源呢？中国是人情社会，我们要从以下几个方面挖掘、整合自己的人脉资源：

第一，高度重视血缘关系。血缘关系形成的亲缘关系，是一个人立足社会、创业创新、职业生涯发展成功至关重要的支撑，尤其是自己的至亲，不求任何回报。要和自己的父母协调好关系，在自己的职业生涯发展过程中，多听听他们的意见和建议，这样对自己的职业生涯发展认知会更全面一些，也会得到家人的全力支持，以助力自己的职业生涯发展成功。

在亲缘关系中，我们还应该高度重视亲属关系，尽量获得他们对自己职业生涯发展的理解和支持。小李是山西某高校的一名大学生，学习的是计算机专业，因为考研复习，根本没有时间和精力去找工作。春节期间，小李去姑姑家拜年，正好自己的表哥、姑姑家大儿子也在家，在山西的一家国有企业做管理工作，小李一开始并没有让表哥帮忙找工作的想法，自己觉得可以考取研究生，计划研究生毕业后再去找工作。在和表哥聊天的过程中，小李谈到自己的专业和即将毕业的现状，表哥说他们单位因业务扩大，计划招聘计算机专业的大学毕业生，而且是想招聘一些男生，告诉他如果有兴趣，可以关注他们公司的网站，发招聘公告时可以报名应聘，同时介绍了一些他们公司的情况。听了表哥对他们公司的介绍，小李觉得公司不错，而且和自己的专业非常吻合，所以表示到时候会做充分的准备，全力以赴地去应聘。考研成绩下来以后，小李没达线，着实沮丧了几天。此时表哥打来电话，说他们公司开始招聘了，让小李看公司网站上的招聘信息。小李报名后，通过了笔试和面试，顺利地被这家公司录用。虽然有一点遗憾，要到分公司去工作，离开省城到一个地级市去，但是小李年龄不大，还没有找女朋友，对在哪里工作没有地域要求，而且表哥还告诉他，公司在不断拓展业务，随着业务的熟悉，岗位调换还是非常有可能的。小李被分到了自己老家所在的地级市，他原来就在这座城市上的高中，对这座城市也挺有感情，就高兴地接受了公司的安排。

从小李找工作的过程来看，小李非常重视自己的亲缘关系。假如他过年的时候不去姑姑家拜年，假如他去了姑姑家拜年，不和表哥谈自己的现状，表哥就可能不给他介绍自己公司的情况，他也就可能在考研失败后陷入慌乱，难以在毕业之前找到一个比较适合自己的工作岗位。有时候，亲缘关系中不经意间的一个信息，就可能影响和改变一个人的职业生涯发展，所以我们应该高度重视自己的血缘关系，助力自己的职业生涯发展成功。

第二，高度重视同学、朋友等同龄人之间的关系。在一个人的成长发展过程中，同学关系非常重要，尤其是在年轻人的发展过程中，因为他们的兴趣点、关注点、价值取向等趋同，在和同学的交往过程中，可以收集到各种自己需要的信息，也能加强或修正自己的观念、职业认知等。在职业生涯发展中，往往需要很多帮手，一个好汉三个帮。在创业创新的过程中，同龄人之间的合作就显得非常重要，因此要重视同学、朋友等社会关系，助力自己取得职业生涯发展成功。

总之，在人脉资源的挖掘和整合的过程中，与人脉资源强化自我推销，多展示自己的特长和优势，获得人脉资源支持，助力自己职业生涯发展成功。

3. 金脉资源

金脉资源是一个形象的说法，指一个人的薪资所得，财产（动产、不动产）、定期存款、活期存款、有价证券、基金、外币、信用（与为人和职位有关）等，简而言之，就是指一个人所拥有的物质财富，尤其是自己可以支配的物质财富，也可以将之称为一个人的经济支撑。

一个人要生存，必须要有经济基础，也就是物质财富的支撑。一个人想要过上比较好的生活，必须有创造财富、管理财富、积累财富的知识和能力，拥有雄厚的金脉资源。一个人想要取得职业生涯发展成功，必须有一定的知识、技能、能力等为支撑，而要拥有这些知识、技能、能力等，就必须要接受教育培训，而教育培训必须以一定的物质财富做保障。“人人皆可成才，人才是投资的结果”，就是这个道理。

现代社会，人人都应该有积累自己金脉资源的意识，要有创造财富、管理财富的意识和能力。经济是支撑一个人职业生涯发展的重要基础，只有科学合理的经济观念、踏实可行的理财方法，才能让一个人获得比较好的工作与生活条件，也才更有利于一个人的职业生涯发展成功。

在实际的工作和生活过程中，为了积累和创造更多的职业生涯发展金脉资源，首先，要储蓄，积少成多。其次，要有理财的理念，“你不理财，财不理你”。从管理财富、创造财富的视角来看，也有几分道理。试想一下，一个人大手大脚，挥霍无度，可能积累丰厚的物质财富吗？没有物质财富做支撑，一个人取得职业生涯发展成功的可能性就会大大降低。当然，一定要把握一个基本原则，“君子爱财，取之有道”，一定要在合法、合规、合德的前提下获得财富。最后，要合理支出，提高自己的工作能力，在金脉资源的有力支撑下，助力取得职业生涯发展成功。

（二）加强学习，助力职业生涯发展成功

学习是提升一个人知识、技能、能力等发展的根本途径，也是一个人取得职业生涯发展成功的根本方法。世界上所有的伟人，所有取得重大成就的人，无一不是善于学习、勤于学习、刻苦学习的人，就是每个能成为合格社会建设者的人，也都必须学习才能有所作为。学习的范围和形式广泛而多样，主要包括理论学习和实践学习。作为一名新时期青年，要取得职业生涯发展成功，就更要加强学习。

1. 加强学习，树立崇高的人生理想

理想是一个人奋斗的灯塔，是一个人前进的方向，也是一个人前行的动力。作为一个新时期青年，处在社会发展新阶段，树立崇高的人生理想，是我们建功立业、奉献社会的重要一环，也是人生发展的重要基础。

加强学习，学习一切能提高自身能力和素养的知识。通过学习，科学地认知环境、认知自我，明白自己的特长和优势，确定自己的奋斗目标。在分析自己、清晰认知现实的基础上，确定自己人生的

大方向，树立崇高的人生理想，成就自己。

2. 加强学习，树立进取的人生态度

人生态度不是先天形成的，而是在后天的学习、生活、工作、社会影响中不断形成和发展的，是在一定社会、家庭、生活环境的影响下，从自己的生活和工作体验中，潜移默化形成的，成为一个人人生观的一部分。

“心态决定成败，态度决定一切”，作为新时期青年人，应该培养自己积极、健康、上进、勇敢、拼搏、奋进的人生态度，只有这样，才能真正实现自己的职业生涯发展成功。

作为新时期青年，同时要反对一些不正确的人生态度，比如躺平、与世无争、唯我独尊、自私自利、松散拖沓等心态，树立“时间就是生命,奋斗才是人生”的价值理念,抓住青年这一人生最重要、最关键，也是最绚丽的时期，积极作为，拼搏奋斗，编织自己的职业生涯发展梦想。

3. 加强学习，提高个人的技能和能力水平

一个人的技能、能力水平如何，决定着一个人职业生涯发展的成败，而一个人的技能、能力是怎么获得的呢？主要是学习的结果，只有加强学习，博览群书，取长补短，拓宽自己的知识面，并能理论联系实际，把所学的科学理论知识运用到实践中去，才能不断提高自己认识问题、分析问题和解决问题的能力，才能真正提高自己的技能和能力水平，也才能助力自己取得职业生涯发展成功。

（三）脚踏实地，助力职业生涯发展成功

一个人要取得职业生涯成功，首先要打好知识基础。在实际的工作岗位上，要想取得职业生涯发展成功，就要脚踏实地，从以下几个方面发力：

1. 少说多做

当一个人刚踏入职场，对情况都还不熟悉和了解时候，就开始指手画脚，是职场比较忌讳的一种表现。一个组织决定晋升员工，最看重的还是这个人的工作业绩、工作表现和综合素质。一个人如果要在职业生涯发展过程中，尽快获得晋升，必须从自己的工作职责、工作任务出发，认真做好每一件事情，用自己的实际行动和工作业绩赢得领导的赏识，助力自己职业生涯发展成功。

2. 与众不同

现代社会，职场竞争非常激烈，尤其是在大城市。高校毕业生屡创新高，2022 年超过 1000 万，这些人都是经过十几年寒窗苦读的莘莘学子，都有一定的专业知识和技能，都怀有勇敢拼搏、顽强奋斗之心，都想到大城市去奋斗，尤其是集中在北上广深等一线城市。新增的就业人口对大城市的就业压力非常大,职场竞争非常激烈。

在职场，一个人没有自己独特的优势和特长，恐怕也很难获得晋升的机会，因为你做不到人无我有。你能做到的，别人同样也可以做到；你能完成的任务，别人同样也能完成。职场青睐与众不同的人，尤其是有优势和特长的人。得到组织的认可和好评，是一个人职业生涯发展迈上更高层次的必要前提。

（四）提高修养，助力职业生涯发展成功

在儒学中，修养包含修身与养性两层意思，主要指一个人的文化修养、艺术修养等反省自新、修身养性、陶冶品行和涵养道德的能力。

从马克思主义的观点阐释修养，就是一个人在自我认知、自我要求的基础上，分析自己的实际情况与真实需要，以求真、求善、求美为目标来自我调整、自我完善、自我发展的一种自觉活动。

加强自身修养，是个人、社会的需要，也是国家、时代的需要。

无论哪个时代，社会都需要各类优秀的人才。作为新时期青年，要加强道德品德的修养，端正自己的心态，强化自己，把生命看作一个过程，把优秀当成一种习惯。

修身养性，就是要不断地强化自己的奉献精神，树立终身为人民服务的崇高信念。

修身养性，就是要不断地强化自己的团队意识，有利于更好地形成我们民族的凝聚力和向心力，有利于促进社会的进步与繁荣。

修身养性，就是要不断地强化自己的责任意识，成为一个朝气蓬勃、奋发有为的人，这是一种良好的道德素质和职业素养，也是新时期青年职业生涯发展成功的关键因素之一。

不断地提高自己的职业修养，正如古人所说的那样："破山中贼易，破心中贼难。"破除自己的"心中贼"，战胜自己，"勿以善小而不为，勿以恶小而为之"，时刻警醒自己，持续加强个人修养，助力自己取得职业生涯发展成功。

（五）注重积累，助力职业生涯发展成功

职业生涯发展成功的因素是复杂的，是多因子共同作用的结果，其中积累是迈向职业生涯发展成功非常重要的一个方面。在职业生涯发展过程中，专业知识、工作技能、能力经验、社会关系、职业认知和自我认知都需要一点一滴地积累。可以说，积累是成功的关键。

1. 荷花生长规律的启示

一个池塘里的荷花，生长非常有规律，每天生长的数量都会比前一天增长一倍，如此循环往复，直到开满整个荷塘。

按荷花生长的这个规律，那么开满一半，需要多少天？

可能大多数人的回答是 15 天。

其实荷花开满一半池塘需要 29 天。第三十天，前一天半池荷花就是满塘绽放了。这就是荷花的生长规律。

最后一天荷花开放的量，就是此前 29 天的总和。

荷花的生长规律给了我们一个非常重要的启示：成功需要积累，需要厚积薄发。

一个人的职业生涯发展就像池塘里的荷花，一开始只是一点点地绽放，但随着时间的推移，第三十天开满池。大多数在困难面前可能会放弃，其实越困难，可能离成功越近，只要坚持挺过黎明前的黑暗，就能获得成功，切不可行百里者半九十，功亏一篑，和成功失之交臂。

因此，一个人是否获得职业生涯发展成功，关键在于坚持积累，只要我们日复一日地投入和坚持，就一定能够取得职业生涯发展成功。

2. 竹子生长规律的启示

竹子前四年仅生长 3 厘米，但是第五年，竹子以每天 30 厘米的生长速度疯狂生长，不到六周就可以长到 15 米高。

前四年里，竹子主要是在扎根，一根竹子可以将根延伸到土壤里的数百平方米，为后面的生长积蓄力量。可以这么说，竹子没有前四年的准备，就不会有第五年每天 30 厘米的迅猛生长。

竹子生长如此，其实做人做事也是如此。在职业生涯发展的过程中，不要担心自己一开始的努力得不到回报，因为这些努力都是为了“扎根”，当你积累到一定力量的时候，抓住时机，就一定会以迅雷不及掩耳之势取得职业生涯发展成功！

从竹子的生长规律我们可以得到启示：成功绝不可能一蹴而就，哪有什么轻易的开挂人生，不过是厚积薄发而已！

3. 金蝉生长规律的启示

夏天的时候，经常听到蝉鸣，可是绝大多数人并不知道，金蝉要在树枝鸣叫，要先在地下暗无天日地生活 3 年。美国有一种蝉，甚至要在地下生长 17 年。金蝉饱受长期的黑暗和寒冷，仅仅靠树根的一点汁水，缓慢发育，直到夏日的某一天，它悄悄爬上枝头鸣叫。金蝉隐忍多年，一飞冲天。

金蝉的生长规律启示我们：不论是成长，还是职业生涯发展，都需要坚持和毅力，只要持之以恒，量变必然会引起质变，当长期的积累突破临界点后，取得成功是必然的。

荷花、竹子、金蝉的生长规律，带给我们共同的启示是：成功，需要耐得住寂寞，需要量变到质变，厚积薄发。

（六）调整心态，助力职业生涯发展成功

每个人的一生都纷繁复杂，没有一个好的心态，就难以面对生活的方方面面。同样，在职业生涯发展的过程中，要调整好自己的心态，积极面对。

1. 摆正自己的心态

在职业生涯发展中，一个人要注意摆正自己的心态，从小事做起，脚踏实地，用自己的专业知识和专业技能做出骄人的业绩，那么晋升只是个时间问题。在工作中始终保持学习的心态，虚心向他人求教，不断提升自己的能力，实现自我价值。

2. 善于处理人际关系

不管是在职业生涯发展中，还是在日常生活中，可以说我们被各种人际关系包围着。处理好人际关系，是人生的一笔财富；如果处理不好，可能寸步难行，阻碍一个人的职业生涯发展成功。

在职业生涯发展的过程中，应高度重视自己所处的人际关系环境，多学习一些人际关系的处理技巧和方法，与人为善，以尊重和宽容之心对待他人。同事、客户和领导，“路遥知马力，日久见人心”，人际关系处理好了，工作起来就会得心应手，借助他人的力量和资源成就自己的职业生涯发展。

3. 正确看待成败

每个人的人生都不是一帆风顺的，起起伏伏才是常态。有成功，也会有失败。关键是要正确看待失败，不能因为一次的失败而从此一蹶不振，丧失了继续坚持和奋斗的信心，正确的态度是迎难而上，从失败中吸取经验教训，愈挫愈勇，向自己的职业生涯发展目标奋进。

参考文献

[1] 李晓炜.新形势下大学生职业规划的调查与思考[J].吉林省教育学院学报，2018（09）：135—137.

[2] 江月.新形势下提升应用型本科院校大学生就业竞争力的路径研究[J].广西科技师范学院学报，2017（06）：78—80.

[3] 杨军.高校职业生涯规划教育的特点、原则和路径分析[J].学校党建与思想教育，2018（05）：60—62.

[4] 张林子.新时期高校辅导员推进大学生职业生涯规划的思考[J].开封教育学院学报，2018（01）：214—216.

[5] 徐敏莹.浅析高校辅导员对大学生职业生涯规划教育产生的影响[J].法制与社会，2019（08）：189—190.

[6] 古长畔."大学生职业生涯规划"课程教学方法的创新与优化[J].科技展望，2015（09）：88—90.

[7] 张烨，黄炎，赵鹏飞，李阿会.独立学院大学生职业生涯规划课程现状与教学改革研究[J].科技信息，2013（15）：66—67.

[8] 王震.中职生职业生涯规划能力现状、问题与对策研究——以河南省部分城市为例[J].中国职业技术教育，2014（05）：70—73.

[9] 龚丹.中职学生职业生涯探索模式新探——以中国台湾地区"青年教育与就业储蓄账户"规划为例[J].当代职业教育，2017（05）：104—107.

[10] 王海宾，于游.核心价值观视域下辅导员如何引领大学生职业观[J].改革与开放，2018（03）：31—32.

[11] 尹剑峰，龙梅兰.新形势下中国大学生职业生涯规划研究[J].中国大学生就业，2017（02）：47—48.

[12] 杨育红，范明亮，徐彬."宽口径、厚基础、精专业、重实践"[J].时代教

育, 2017 (03) : 56—57.

[13] 何谐.大学生职业生涯规划当前存在问题与解决途径[J].高教学刊, 2016 (02) : 24—25.

[14] 史凤贤.基于职业生涯规划提高大学生创新创业能力[J].辽宁科技学院学报, 2013 (04) : 92—93.

[15] 陈伟, 李文红.从职业生涯规划入手培养大学生综合素质[J].广东培正学院学报, 2007 (02) : 93—95.

[16] 李童铃.论高校辅导员对大学生职业生涯规划的指导作用[J].改革与开放, 2018 (22) : 151—153.

[17] 季洪宇.分析思政辅导员在大学生职业生涯规划教育中的作用[J].智库时代, 2019 (21) : 65—67.

[18] 王新欣.浅析思政辅导员在大学生职业生涯规划教育中的作用[J].科技资讯, 2018 (16) : 229—230.

[19] 郝雪纯, 赵慧杰, 林一炜, 等.乌鲁木齐市高校大学生职业生涯规划的调查研究[J].创新创业, 2018 (09) : 178—179.

[20] 王华.大学生职业生涯管理能力结构及培养策略[J].教育与教学研究, 2018 (11) : 60—65.

[21] 李青.浅析高职院校大学生职业生涯规划教育[J].现代职业教育, 2019 (14) : 264—265.

[22] 宋文岩.基于新媒体视角的高职院校商务英语专业学生职业生涯规划教育现状剖析[J].产业与科技论坛, 2019 (16) : 141—142.

[23] 刘培培.职业生涯规划教育在高职院校大学生个性化发展过程中的作用探究[J].西部素质教育, 2019 (05) : 90—92.

[24] 王蕾.提高高职院校学生职业生涯规划教育的有效性[J].教育研究与实践, 2018 (09) : 217—218.

[25] 张铁成, 包慧君."三全育人" 理念下加强高职院校学生职业生涯规划教育工作对策研究[J].广州城市职业学院学报, 2019 (02) : 67—70.

[26] 高燕, 黄春燕.高校辅导员在大学新生生涯规划中的引导作用[J].淮北煤炭师范学院学报, 2009 (19) : 172—174.

[27] 何宝平.推广和普及中学生生涯规划教育势在必行——基于生涯规划教育促进中学生成长发展的思考[J].中小学心理健康教育，2017（08）：37—39.

[28] 赵丽霞，曹瑞，麦清，等.天津市中学实施职业生涯规划教育的访谈报告[J].天津市教科院学报，2018（03）：81—85.

[29] 何艺宁，朱小亮，刘凤.大学生职业生涯规划课程思政改革探索[J].课程教育研究，2018（16）：47—48.

[30] 朱帅玲，张宝磊，戈其平.大学生职业生涯规划课程中的思政路径[J].文教资料，2019（05）：171—172.

[31] 万庆元.高职学生职业生涯规划教育实施模式探讨[J].职业技术教育，2007（14）：67—68.

[32] 周鑫，张秋敏，张芳蕊."双创"视域下高职生职业生涯规划教育实践研究[J].科学大众（科学教育），2019（10）：127—128.

[33] 张慧慧.基于职业生涯规划引导的高职学生就业能力提升研究[J].文化创新比较研究，2019（08）：137—138.

[34] 兰先芳.对当代大学生职业生涯规划教育的思考[J].继续教育研究，2013（04）：89—90.

[35] 魏东初.中国梦——大学生职业生涯规划的新视野[J].思想理论教育，2014（04）：92—95.

[36] 杨红娜.上海高校新生职业生涯规划调查与对策分析——以上海电力学院为例[J].中国电力教育，2012（17）：133—134.

[37] 吴轲威.工匠精神柔性培育视野下的高职学生职业生涯规划教育[J].南京广播电视大学学报，2019（01）：6—7.

[38] 王厚兵，杨红琳，唐大超，等.高职院校学生职业生涯规划浅析[J].十堰职业学院学报，2010（01）：22—25.

[39] 谢一风.高职院校学生职业生涯规划研究[J].职教论坛，2007（04）：27—29.

[40] 谢伟.关于普通高中生涯规划课程的几点思考[J].教学管理，2014（07）：52—54.

[41] 田丽.以核心素养为引领，探寻普通高中生涯规划教育实施体系[J].课

程·教材·教法, 2017 (10) : 63—69.

[42] 何从春.普通学科教法视角下的生涯规划教育分析[J].教育现代化, 2017 (04) : 255—256.

[43] 郝建海, 刘颖群, 马建良.高中生涯规划教育的探索[J].西部素质教育, 2018 (20) : 67—69.

[44] 陈韵君.高中生涯教育课程体系建构的探索与实践[J].中小学心理健康教育, 2018 (03) : 24—27.

[45] 张雪琪.分析积极心理学视角下的大学生职业生涯教育[J].智库时代, 2019 (06) : 194—195.

[46] 张昕辉.基于积极心理学的五年制高职学生职业生涯规划课程体系建设研究[J].课程教育研究, 2017 (03) : 219—220.

[47] 饶芸."双创"背景下高职学生职业生涯规划有效性探究[J].理论观察, 2018 (02) : 19—20.

[48] 李兵.职业价值观视域下高职生职业生涯规划研究[J].继续教育研究, 2015 (07) : 21—22.

[49] 王伟."以本为本"指导下高校职业规划教育路径探析[J].赤峰学院学报, 2019 (11) : 155—158.

[50] 王春燕."三全"育人理念下的大学生职业生涯规划教育[J].岳阳职业技术学院学报, 2018 (02) : 42—45.

[51] 李名梁.大学生职业生涯规划研究述评[J].重庆邮电大学学报, 2010 (12) : 124—129.

[52] 李绥化.职业生涯规划在大学生就业指导工作中的作用与运用探讨[J].高考, 2018 (21) : 21—22.

[53] 杨文华.高职院校大学生就业的SWOT分析及对策研究[J].安庆师范学院学报, 2015 (01) : 165—168.

[54] 任传永, 杨静.浅谈高校大学生就业现状及对策[J].中小企业管理与科技, 2010 (07) : 135—136.

[55] 杨英, 龙立荣.SWOT分析法在职业生涯决策中的运用[J].华东经济管理, 2005 (09) : 78—79.

[56] 沈道海，王保义.大学生职业生涯规划理论“本土化”论析[J].黑龙江高教研究，2008（04）：59—60.

[57] 黄平.基于SWOT分析高等教育大众化背景下的高校就业[J].中国成人教育，2008（03）：40—41.

[58] 曲可佳，鞠瑞华，张清清.大学生主动性人格、职业决策自我效能感与职业生涯探索的关系[J].心理发展与教育，2015（04）：45—50.

[59] 杨图雅.高校转型发展视域下蒙古族大学生职业生涯规划调查与对策研究——以河套学院为例[J].教育教学论坛，2019（08）：233—234.

[60] 周辉，张静.职业生涯视角下地方高校贫困大学生就业能力提升的路径研究——以陕西南部本科高校为例[J].中国大学生就业，2019（17）：49—53.

[61] 张露文.理工类高校文科生职业规划指导体系研究——以广东石油化工学院为例[J].文化创新比较研究，2019（03）：87—88.

[62] 芦大亮，张淑华.青少年职业探索的影响因素及其社会支持体系的建构[J].中小学心理健康教育，2010（23）：17—18.

[63] 余志国，李论，余绍龙.普通高中学生职业生涯规划教育现状与实践探索[J].基础教育参考，2019（13）：14—16.

[64] 李威.高考综合改革背景下学生职业生涯规划教育[J].中国校外教育，2018（11）：20—30.

[65] 范峻岭.普通高中生涯教育开展的现实意义及对策[J].西部素质教育，2019（18）：60—61.

[66] 杨梅.“双创”背景下大学生职业生涯规划教育现状调查——以农林畜牧类高校大学生为例[J].高教学刊，2019（06）：32—35.

[67] 陈薇，朱平.辅导员提升大学生思想政治教育获得感的价值意蕴与逻辑理路[J].高校辅导员，2019（02）：36—39.

[68] 唐华，王甦平.加拿大高校学生事务服务内容概述及启示[J].学校党建与思想教育，2017（08）：94—96.

[69] 童兰.高校辅导员对大学生职业规划的重要作用探讨[J].教育现代化，2018（12）：129—130.

[70] 姚映澄，张荣才.高中生职业生涯规划意识和教育现状调查与分析——

以合肥市某中学高二年级为例[J].才智，2018（18）：67—68.

[71] 徐佳，田丹.基于职业生涯规划理论视域下的高职院校青年教师培养路径研究[J].科技风，2019（09）：51—52.

[72] 张峰.浅谈高职生职业生涯规划能力的现状与对策[J].吉林省教育学院学报，2015（12）：48—49.

[73] 罗玮玮.关于高职学生职业生涯规划教育体系建设的思考[J].教育现代化，2019（05）：37—38.

[74] 连洁平.高职职业生涯规划指导机制的现状与对策——以厦门某高职院校为例[J].西部素质教育，2018（11）：55—56.

[75] 孙志新，孙鹏.高职大学生职业生涯规划存在的问题及对策[J].教育与职业，2015（13）：44—45.

[76] 曾梓妍.人生可以这样规划——浅谈中职生职业生涯规划教育[J].职业教育，2017（09）：71—72.

[77] 李杰，赵里红."双创"背景下的大学生职业规划探讨[J].产业与科技论坛，2019（18）：269—270.

[78] 袁芳.双创教育环境下大学生职业生涯规划教育的研究[J].才智，2019（26）：41—42.

[79] 荚卓敏，王建军."双创"背景下的大学生职业规划分析[J].现代商业，2019（07）：190—192.

[80] 侯婷.我国大学生就业指导课程建设的发展历程演进轨迹及动力系统[J].职教通讯，2017（06）：9—12.

[81] 夏风云，姜冬.新时代大学生就业价值取向及其引导研究——基于S市某双一流大学本科生的调查[J].教育与教学研究，2018（10）：38—40.

[82] 彭海霞.大学生基层就业补偿——理论基础与政策实践[J].教育与教学研究，2018（02）：14—16.

[83] 唐博.转变就业观念，创业走进基层[J].中国大学生就业，2019（09）：35—36.

[84] 宇业力.就业思想政治教育价值论略[J].教育与教学研究，2018（12）：26—31.

[85] 郭志林，王宁，姜素华.供给侧改革背景下大学生就业核心竞争力结构模型的构建[J].中国大学生就业，2019 (15)：50—54.

[86] 李大林，杨长富，吴云，等.终身学习的“四个学会”[J].科技信息，2012 (04)：70—71.

[87] 陈伟霞.专创融合背景下高职院校职业生涯规划教学模式研究[J].兰州教育学院学报，2019 (05)：20—23.

[88] 王嵘.高职学生职业规划意识培养刍议[J].九江职业技术学院学报，2019 (06)：23—25.

[89] 崔宏.新形势下职业生涯规划教育创新性研究[J].江西电力职业技术学院学报，2019 (04)：28—30.

[90] 王慧鹏.创新创业环境下高职学生职业生涯规划教育有效性探究[J].黑龙江教育学院学报，2019 (03)：17—20.

[91] 王长发，赵慧.大学生就业难的原因与对策分析[J].岱宗学刊，2007 (03)：37—38.

[92] 尹小雁.浅谈创业辅导在高职大学生职业生涯规划与就业指导课当中的作用[J].教育教学论坛，2017 (08)：219—220.

[93] 张庆国.校企合作视角下的职业生涯规划研究[J].企业改革与管理，2018 (10)：77—78.

[94] 姚琴，徐佳莹，汪嵘，等.大学生职业生涯规划浅议[J].合作经济与科技，2017 (5)：133—135.

[95] 王泽兵，孙加秀，盛锦.大学生职业生涯规划的困境与出路[J].中国青年研究，2007 (02)：17—19.

[96] 林民庆.大学生职业生涯规划现状调查与问题解析[J].长沙大学学报，2017 (05)：103—106.

[97] 吴琛群.移动互联时代高职学生创业就业新思路探析[J].黄河水利职业技术学院学报，2017 (04)：67—71.

[98] 王益涛.职业生涯规划理念下的大学生个性化就业指导探析[J].求知导刊，2017 (02)：70—71.

[99] 张舟.论职业生涯规划在大学生就业指导工作中的作用[J].时代教育，

2017 (05)：215—216.

[100] 王等，徐瑛瑛.十余年来我国高中生涯规划教育研究述评[J].教师教育论坛，2019 (02)：12—15.

[101] 刘敬云.普通高中职业生涯规划教育问题及其对策[J].教育实践与研究，2016 (01)：9—11.

[102] 杨青，陈云.高中生生涯规划现状及对策研究——基于家校合作的生涯规划辅导[J].教育导刊，2013 (07)：37—40.

[103] 邓明波，徐佩瑛.论民办高校大学生职业规划教育的实施路径[J].湖北省社会主义学院学报，2013 (04)：67—69.

[104] 万红星.新高考背景下高中职业生涯规划课程内容设计研究[J].科学咨询（教育科研），2019 (09)：85—86.

[105] 王晓梅.新高考背景下高中生涯规划教育探索[J].中小学心理健康教育，2019 (18)：18—22.

[106] 罗元珊.新高考背景下普通高中职业生涯规划教育实践问题探析[J].中小学心理健康教育，2019 (17)：24—26.

[107] 顾雪英，魏善春.新高考背景下普通高中生涯教育——现实意义、价值诉求与体系建构[J].江苏高教，2019 (06)：44—50.

[108] 姜子豪.新高考背景下普通高中的生涯规划教育[J].教学与管理，2018 (09)：67—69.

[109] 贾彦琪.新高考改革背景下普通高中生涯课程建设的价值定位与路径选择[J].重庆高教研究，2018 (06)：60—71.

[110] 丁夏.新媒体环境下高校大学生职业生涯规划教育的有效路径[J].新闻传播，2018 (18)：88—89.

[111] 姚海田.大学生职业生涯规划教育“四全”模式构建探索[J].中国成人教育，2016 (11)：29—32.

[112] 邱峰.新媒体环境下的大学生职业生涯规划教育[J].教育与职业，2014 (01)：90—92.

[113] 王莉.新媒体与大学生职业生涯规划教育[J].新闻战线，2015 (04)：185—186.

[114] 唐梦丽.网络多变环境下高职高专大学生职业规划探析[J].成都纺织高等专科学校学报, 2016 (03) : 248—250.

[115] 孙逊, 霍丽洋.民办高校大学生职业生涯规划现状与对策研究[J].知识经济, 2016 (10) : 108—109.

[116] 张晶.霍兰德职业兴趣测验在大学生职业生涯规划中的应用[J].中国培训, 2016 (22) : 120—121.

[117] 刘丹.浅析霍兰德职业类型论的内容及应用[J].人才资源开发, 2017 (22) : 133—134.

[118] 裴潇蕾.高校思想政治教育与职业生涯规划教育相结合途径的探索[J].知识经济, 2019 (11) : 146—147.

[119] 白天鹏.探究高中生职业生涯规划教育的必要性与迫切性[J].考试周刊, 2019 (20) : 21—22.

[120] 张建青.中国初中阶段职业生涯教育问题探究[J].经济研究导刊, 2011 (27) : 34—35.

[121] 黄晓嫦.浅议中等职业学校加强外来工子女职业生涯规划教育的意义和对策[J].考试周刊, 2016 (05) : 84—95.

[122] 陆杨文.中职学生职业规划发展及就业指导探析[J].文教资料, 2016 (10) : 76—77.

[123] 张杨.我的大学怎么过——大学生职业生涯规划咨询案例[J].智库时代, 2019 (09) : 284—285.

[124] 张命春.高职院校大学生职业生涯规划中的思想政治教育研究[J].新教育时代电子杂志, 2018 (22) : 257—259.

[125] 张海娟, 刘晓军.大学生职业生涯规划教育的困境与对策[J].教育与职业, 2017 (11) : 79—84.

[126] 宋健.高考新政视野下贵州高中生职业生涯规划的困境和对策[J].教育文化论坛, 2017 (05) : 52—55.

[127] 陈蓝嫣.大数据环境下大学生职业生涯规划课程教学改革探析[J].高教学刊, 2018 (07) : 119—121.

[128] 姜庆华, 陈洁.高职院校职业生涯规划教育困境与路径优化——基于

供给侧改革视域[J].无锡职业技术学院学报，2018（04）：89—92.

[129] 张霞.基于企业视角的高职学生职业生涯规划指导研究[J].现代职业教育，2017（05）：25—26.

[130] 邓攀，伍瑛，赵建军.关于高职学生职业生涯规划教育的思考[J].西部素质教育，2018（01）：77—78.

[131] 孙硕.高职高专学生职业生涯规划教育的现状及对策分析——以长春金融高等专科学校为例[J].企业科技与发展，2018（11）：197—198.

[132] 吴轲威.立德树人视野下的高职学生职业指导长效化机制[J].南京广播电视大学学报，2018（2）：80−83.

[133] 汪晓芳，张春琴，蔡娟.大学生职业生涯规划教育探析[J].中国成人教育，2010（24）：64−67.

[134] 曾丽君.职业生涯规划课程在大学生就业指导工作中的作用[J].课程教育研究，2017（03）：226—227.

[135] 魏驿骁.大学生就业指导工作中职业生涯规划的作用[J].长江丛刊，2017（08）：255—256.

[136] 王艳艳.职业生涯规划在大学生就业指导工作中的重要性探讨[J].环渤海经济瞭望，2018（04）：142—143.

[137] 沈菁.高校职业生涯发展与就业指导策略研究[J].教育现代化，2018（05）：38—39.

[138] 刘静.高考改革背景下普通高中生涯规划教育的重新审视[J].教育发展研究，2015（10）：32—38.

[139] 刘华，郭兆明.生涯教育——基础教育课程改革不可或缺的支点[J].教育发展研究，2013（20）：6—11.

[140] 樊丽芳，乔志宏.新高考改革倒逼高中强化生涯教育[J].中国教育学刊，2017（03）：69—71.

[141] 李鹤，范梦栩.澳大利亚生涯教育融入课程的实践对我国的启示[J].中国职业技术教育，2019（21）：36—43.

[142] 罗双平.职业生涯阶段划分[J].中国人才，2000（02）：356—36.

[143] 龙立荣，等.组织职业生涯管理与员工的心理与行为的关系研究[J].心

理学报，2002（01）：97—105.

[144] 廖泉文.职业生涯发展的三三三理论[J].中国人力资源开发，2004（09）：21—23.

[145] 高晓芹.新员工早期职业生涯发展及管理[J].中国人力资源开发，2008（02）：33—34.

[146] 杨芳.当前大学生职业生涯规划存在的问题及对策研究[J].民办教育研究.2010（03）：59—61.

[147] 高晓琴.大学生职业生涯规划能力的影响因素分析[J].中国校外教育（职业教育）2010（02）：133—134.

[148] 郭鑫.大学生职业生涯规划需求状况及影响因素[J].青年研究，2008（05）：106—107.

[149] 涂阳军.大学生职业生涯成熟度的调查与干预研究[J].大学教育科学，2011（03）：98—100.

[150] 薄茹.医学院校大学生职业生涯规划调查分析[J].包头医学院学报，2010（06）：48—50.

[151] 刘晓君.大学生职业生涯规划的心理因素分析[J].大学生心理健康教育，2005（18）：49—51.

[152] 邹农基.影响民办大学生职业生涯规划的社会性因素[J].江苏科技大学，2017（06）：65—66.

[153] 吴薇.大学生职业生涯规划的现状调研及应对策略[J].教师教育研究，2009（05）：35—39.

[154] 陈志新.大学生职业生涯规划现状分析与对策研究[J].高教论坛，2009（12）：122—123.

[155] 王雅倩.专科院校大学生职业生涯规划存在的问题及对策研究[J].咸宁学院学报，2012（02）：36—37.

[156] 王玉坤.大学生职业生涯规划调查问卷的设计和施测研究[J].科技创新导报，2008（08）：136—138.

[157] 罗双平.职业选择与事业导航——职业生涯规划技术（第2版）[M].北京：机械工业出版社，2008.

[158] 赵麟斌.大学生职业生涯规划与就业创业指导[M].北京：高等教育出版社，2011.

[159] ［美］格林豪斯.职业生涯管理[M].王伟，译.北京：清华大学出版社，2006.

[160] ［美］施恩.职业的有效管理[M].仇海清，译.北京：三联书店，1996.

[161] 孟万金.职业规划[M].上海：华东师范大学出版社，2003.

[162] 阎卫东.职业生涯规划原理与实务[M].大连：东北财经大学出版社，2011.

[163] 杜映梅.职业生涯规划[M].北京：对外经济贸易大学出版社，2005.

[164] 周祥龙，贾创雄，孟克.大学生生涯规划[M].南京：东南大学出版社，2011.

[165] 王彩凤.大学生职业生涯规划与就业指导[M].北京：中国人民大学出版社，2014.

[166] 张爱卿.人才测评[M].北京：中国人民大学出版社，2011.

[167] 邓基泽.大学生职业生涯规划与就业创业指导教程[M].北京：中国农业大学出版社，2016.

[168] 习近平.决胜全面建成小康社会夺取新时代中国特色社会主义伟大胜利——在中国共产党第十九次全国代表大会上的报告[M].北京：人民出版社，2017.

[169] 王妮.西方生涯发展理论对我国高职生就业指导的启示[D].西北农林科技大学，2008.

[170] 申丽丽.大学生职业生涯规划存在的问题及策略研究[D].吉林农业大学，2015.

[171] 倪锋.大学生职业素质培养与职业生涯规划教育的研究[D].上海师范大学，2007.

[172] 庄娟瑜.基于职业生涯规划的高职学生就业能力提升对策研究——以福建水电学院为例[D].华侨大学，2016.

[173] 张学亮.双创视阈下大学生就业教育研究[D].西南大学，2017.

[174] 罗兴姬.高校职业生涯教育与大学生思想政治教育融合研究[D].西南石

油大学，2015.

[175] 李寿峰.大学生职业生涯规划中的思想政治教育研究[D].南昌航空大学，2014.

[176] 刘敬远.基于职业生涯规划的大学生思想政治教育研究[D].燕山大学，2012.

[177] 万四平.大学生职业生涯规划中的思想政治教育研究[D].长沙：湖南师范大学，2011.

[178] 郑岳慧.大学生职业生涯规划教育研究——以内蒙古地区部分高校为例[D].内蒙古大学，2019.

[179] 张琼.新高考改革背景下普通高中职业生涯规划教育课程研究[D].河南大学，2018.

[180] 邹巍.新高考背景下高中生职业生涯规划教育研究[D].中央民族大学，2018.

后　记

本书是太原市袁高鹏社会工作名师名家工作室建设项目主要成果之一。在项目建设的过程中，笔者用问卷调查法、访谈法，对山西部分高校的大学生及太原市社区的一些年轻人进行了广泛的调研，收集了大量的第一手资料，经过深入研究，形成本成果。

本研究既系统梳理了职业生涯发展理论，又对相关理论进行了详细阐释，同时对新时期青年的职业取向与职业认知进行了界定，通过对比分析相关文献资料，结合职业生涯发展理论，针对新时期青年的自我认知、职业认知的特点，提出了新时期青年职业生涯发展规划中存在的问题，并对问题的成因进行了研究，探索了做好新时期青年职业生涯发展规划的对策，就新时期青年如何正确看待职业生涯发展成功，从自我评价、家庭评价、组织评价、社会评价、历史评价等层面进行了论述。本书的研究视角比较新颖，研究视域比较全面，研究成果比较具有启发性。

在本书的撰写过程中得到许多专家学者的指导和帮助，感谢太原市民政局社区管理服务中心领导的大力支持，感谢太原市有关社区的倾力支持，感谢袁高鹏社会工作名师名家工作室团队的全力协作，感谢山西青年职业学院社会工作系老师和学生的参与，在此一一表示衷心的感谢！

感谢我的父母和爱人、孩子，是他们的默默支持，才使我完成本书的撰写工作。不幸的是，在撰写本书的过程中，我的父母相继离我而去。本书也奉献给他们，愿他们在天堂一切安好！

作为一名高校教师，我会一如既往关注青年的职业生涯发展研究，为丰富和发展这一研究领域尽自己的绵薄之力。由于自身能力有限，本书难免存在许多问题和不足，敬请各位专家、同仁和读者批评指正。

袁高鹏

2022 年 5 月